教育部人文社会科学研究青年基金资助项目（11YJC790026）

经济管理学术文库·经济类

中国农村土地的制度性质

The institutional nature of rural land in China

崔宝敏 / 著

图书在版编目（CIP）数据

中国农村土地的制度性质/崔宝敏著. —北京：经济管理出版社，2016.5
ISBN 978-7-5096-4348-8

Ⅰ.①中… Ⅱ.①崔… Ⅲ.①农村土地制度—研究—中国 Ⅳ.①F321.1

中国版本图书馆 CIP 数据核字（2016）第 074960 号

组稿编辑：王光艳
责任编辑：许　兵
责任印制：黄章平
责任校对：超　凡

出版发行：经济管理出版社
　　　　　（北京市海淀区北蜂窝 8 号中雅大厦 A 座 11 层　100038）
网　　址：www.E-mp.com.cn
电　　话：(010) 51915602
印　　刷：北京九州迅驰传媒文化有限公司
经　　销：新华书店
开　　本：720mm×1000mm/16
印　　张：14.75
字　　数：183 千字
版　　次：2016 年 5 月第 1 版　2016 年 5 月第 1 次印刷
书　　号：ISBN 978-7-5096-4348-8
定　　价：58.00 元

·版权所有　翻印必究·
凡购本社图书，如有印装错误，由本社读者服务部负责调换。
联系地址：北京阜外月坛北小街 2 号
电话：(010) 68022974　　邮编：100836

序

自人类进入农业社会以来，古今中外的地主往往都是富有的人，因为他们拥有稀缺的经济资源——土地的所有权。中国的土地资源非常稀缺，人均占有的土地面积只有世界平均数的29%，人均占有的耕地面积是世界人均占有量的33%，照理土地所有者应该是非常富有的，然而中国的农民作为集体土地的所有者却普遍都是穷人，并且出现了中国特有的"三农"问题，这显然不符合经济学的规律。与此相关的另一个问题是，城市化理应带来土地的节约，因为城市以第三产业、制造业为主，这些非农产业比农业对土地的利用更集中，城市居民的居住用地也比农村居民更少。但是，中国的城市化过程反而出现了土地大量浪费和农田减少的压力，以至于国家不得不划定18亿亩耕地的红线，实行"最严格的保护耕地的政策"。这也是和经济学的常识相悖的。

一种违背常理的行为成了普遍现象，其背后必定存在着某种制度安排的错乱。制度是规范人们关系、约束人们行为的规则，违反制度的行为一般会受到惩罚，因此人们通常都是在制度规定的框架范围内行事。制度规范着人们的行为方式，如果其结果不是社会所希望见到的现象，那么一定是相关的制度安排出了差错，因为趋利避害是人们自然而自发的选择。人们究竟如何选择，或者说究竟要趋避些什么，则取决于制度安排所确定的权利结构。事实上，所谓制度安排就是对相关行为主体的权利和责任（或者说义务）的正式规定。所以，凡是人们认为不合理的行为成了普遍现象，归根结底都是制度安排的权利结构不平衡。这里说的权利不平衡包括两种情况：一种情况是权利和责任义务在相关行为主体之间的配置不平衡，其中有的行为主体独享权利却不承担义务，其他行为主体承担义务却没有权利；或者有的行为主体的权利大而责任小，另一些行为主体权利小而责任大。另一种情况是同一个行为主体的权利和责任不对称，或者权利大而责任小，甚至不承担责任；或者权利小而责任大，甚至没有权利却必须履行义务。由于制度安排的权利结构不平衡，个体行为的理性选择就导致了社会宏观层面非理性的结果。

土地是社会财富的主要来源之一。中国的"三农"问题和上述城市化中的土地利用等其他所有涉农问题，都可以直接或间接地归因于现行的土地制度。农村土地产权制度是根本性的制度，是全部涉农制度安排的基础。正因如此，关于农村土地产权制度的研究文献数量非常庞大。然而，海量的文献并没有使我们对中国农村土地产权制度的认识加深很多。究其原因，绝大多数研究者是把农村土地集体所有制当作既定的前提，分析论证其必要性及存在的问题，或者研究应不应该进行改革和如何改革的问题，很少对这一特殊产权制度本身进行实证研究。农村土地集体所有制只是中国语境下的一个法律规定，产权制度并不只是一个法学概念，而是一种现实的经济关系。可以说，对这种制度安排下经济关系的实证研究，是能够真正认识这种产权制度的特殊性，深刻理解农村土地集体所有制的唯一途径。少数的一些研究具有实证性质，例如，周其仁和刘守英（1988）关于村民的集体所有权是一种成员权的概括；周其仁（1995）关于集体所有制实质是国家控制农村经济，但由集体来承担控制结果的一种农村社会制度安排的论述；姚洋（1998）关于这种表面上的土地所有权受到更高级别权力的侵蚀,并不意味着农民是完全的所有者的探讨;温铁军(2000)关于土地对农村人口具有生产功能和保障功能的双功能论;陈剑波(2007)关于村委会的多重职能身份带来角色冲突的分析;周冰和付达院(2009)关于农村土地集体所有权虚化的研究等。

对于农村土地集体所有制的研究之所以难以深入,关键是缺少一个可以对产权制度进行分析的理论工具。由于没有恰当的分析方法,多数研究只能把产权当作一个黑箱,很难窥测到产权制度的内部结构和运作机理。"工欲善其事,必先利其器。"2005年,笔者在给南开大学经济研究所博士生讲课时提出了一个产权的结构分析方法,就是产权界定的三个要素和产权运行的三个维度。这三个要素是指产权的主体、客体和权利束,三个维度是指对资产的控制权、收益索取权和资产责任或风险。在此之后,万举(2009)、张璟平(2009)、钟玉文(2009)分别在其著作中对此进行了充实和深化。现有理论对于产权的分析,无论是新制度经济学的产权残缺、产权弱化和产权虚化,还是政治经济学的所有权、占有权、使用权、处置权、收益权等,基本上都集中在权利束这一个要素上,很少涉及产权的主体和客体。事实上,构成产权的三个要素都影响着产权制度的效率。仅从产权客体的角度来看,资产的物理形态和性质,是有形的还是无形的、可移动的还是不可移动的、可分割的还是不可分割的、可再生的还是不可再生的,这些差别都会对产权的界定提出不同的技术要求,产生不同的费用,从而具有不同的效率。产权的核心内容或者说最本质的属性是排他性的权利安排,这主要是针对产权主体而言的。产权学派秉承个人主义分析方法,把产权主体看得比较简单。然而,现实的复杂性往往会超出简单的理论逻辑提供的想象空间,只有拨开法律概念的纱幕之后,才能发现社会行为主体之间错综复杂的权利安排和利益关系，也才能真正理解实际发挥作用的产权制度。

中国的土地集体所有制就是一个这样复杂的产权制度。中国农村的土地名义上是属于农民集体所有，但在事实上，国家、农民集体、农户个体以及作为集体执行主体的村委会，都对这同一块土地拥有一定的权利，并且是国家法律规定的合法权利。即中国农村集体所有制的产权主体不是单一的，而是多元的。多元主体的权利互相重叠，而不是完全清晰和彼此排斥的。这显然不是现代市场经济的产权制度，而是一种具有前现代性质的复杂的产权制度。虽然有的研究者已经意识到了这一点，但是囿于传统的理论观念，没有对此展开研究。崔宝敏的这本专著首次以此为题进行了专门的系统研究。她一直专注于对农村土地问题的研究，积累了丰富的文献资料，也熟悉实践中的经验。现在她将书稿进行了补充扩展和修改，并成文出版，嘱予作序。崔宝敏的工作已经为农地多元产权主体及其性质的研究首发其端，希望今后此方面的研究能够更多、更深入。

是为序。

周　冰

2015 年 11 月 6 日

目　录

第1章　导论 ··· 1

　1.1　研究的问题和背景 ····································· 1

　1.2　研究方法、思路和结构 ································· 5

　1.3　本书的创新与不足之处 ································· 7

第2章　我国农地产权的多元主体和权利冲突 ················· 9

　2.1　我国农地产权制度研究综述 ····························· 9

　2.2　产权理论 ··· 20

　2.3　国家权力与产权 ······································· 38

　2.4　我国农地的多元产权主体 ······························· 43

　2.5　产权冲突与制度变迁 ··································· 51

第3章　国家在农地上的权利 ································ 57

　3.1　国家管理权在农地产权中的扩张 ························· 57

　3.2　国家土地利用规划与农地产权的残缺 ····················· 59

　3.3　国家征地制度中的法律冲突及其对农地转让权的限制 ······· 63

3.4 基于地方政府的间接控制 ………………………………………… 72

第4章 作为农村土地所有权主体的农民集体 ………………………… 75

4.1 现实经济中的集体：范围和类型 ……………………………… 76
4.2 我国农民集体产生的历史渊源 ………………………………… 83
4.3 新中国成立后农民集体替代传统基层组织 …………………… 86
4.4 现行集体产权结构及其面临的矛盾和挑战 …………………… 98

第5章 集体产权执行主体及其拥有的权利 …………………………… 103

5.1 集体产权执行主体界定 ………………………………………… 103
5.2 集体经济组织的权利 …………………………………………… 104
5.3 村民委员会的权利及其行为特征 ……………………………… 107

第6章 作为农地产权主体的个体农户 ………………………………… 119

6.1 农户作为农地产权主体的必要性 ……………………………… 119
6.2 兼业性劳动力转移：农户家庭经营的新特点 ………………… 125
6.3 农户土地使用权流转的现实需要与困难 ……………………… 128
6.4 个体农户产权的弱势与组织能力的缺失 ……………………… 133

第7章 多元农地产权主体制度下的均衡分析
——基于土地流转交易合约的理论框架 ……………………… 141

7.1 模型假定与命题假说 …………………………………………… 142
7.2 理论框架 ………………………………………………………… 145
7.3 分析与思考 ……………………………………………………… 152

第8章 我国农村土地产权制度改革案例分析 …… 155

8.1 成都市农村产权交易所 …… 156
8.2 天津市宅基地换房模式 …… 164
8.3 天津市北辰区泰华枣业合作社 …… 183

第9章 我国农村土地产权的性质和改革的思路 …… 193

9.1 我国农村土地产权的矛盾和性质 …… 193
9.2 改革的原则思路和政策建议 …… 197

参考文献 …… 205

后 记 …… 221

第1章
导 论

1.1 研究的问题和背景

中国社会的现代化实际上就是农村现代化、农业现代化的问题,而没有一套适应现代社会经济发展的农村土地制度,也就不可能有真正的农村现代化。在农村土地制度不断变革的历史道路上,"土地权利"历来是各方争夺的核心,从"减租免税"到"平均地权",从"打土豪分田地"到"耕者有其田",农村土地权利的分配始终是中国农村经济发展的风向标。简单说来,土地经营方式和权利分配的状况,决定了农村经济发展的状况,伴随着争夺土地权利的革命和斗争,农村经济也在不断变革和前行。

土地产权制度既是农村经济制度的核心,也是农村土地关系的总和,不断完善农村土地产权制度是实现农业持续增长和农村经济快速发展的基本制度保证。中国的农村经济改革实际上就是围绕着农村土地产权制度进行的,可以说,新中国农村经济发展的历程,就是一部农村土地产权制度变迁史。一般认为,从新中国成立伊始,我国农村经济制度先后经历了土地改革时期、初级合作社时期、高级合作社时期、人民公社时期、家庭联产承包责任制时期等。相应地,农村土地产权制度也进行了从土地的农民所有、农民经营,到农民所有、集体经营,再到集体所有、集体经营,到现在的集体所有、家庭经营的变迁过程。现行的家庭联产承包责任制就是这一改革历程中生产力要素和意识形态要素相互竞争、相互作用的结果。新中国成立六十多年来,我国农业和农村经济的面貌焕然一新,回首历史,思索现在,展望未来,我们从未停止探索更有效率的农村土地产权制度。

土地制度的变革,无论是在我国古代王朝的更替中,还是在近代社会的历史变革中,都是革命者领导变革和重建社会的重要手段,土地都是制度重建和巩固政权的基础。不论是中国还是世界其他国家和地区,土地权利关系的变革都深刻影响着整个社会的变革。菲律宾实行了二十多年的土地分配改革计划,但土地权利仍然集中于大地主家族手中,农民渴望"耕有田"而不得,这一矛盾导致菲律宾整体经济发展持续缓慢;尼泊尔的土地改革本质上只能说是一种政治妥协下的制度安排,并非国民经济发展的需求,长期土地占有不平等现象导致严重的贫富差距和经济衰退。然而在以日本、韩国和中国台湾地区为代表的东亚,由于消灭了封建土地所有制,确立了自耕农制度,实行土地的小规模家庭经营和占有,刺激了农业的快速发展,推动了农村市场化和现代化进程。在我国,中国共产党取得新民主主义革命胜利的重要原因也是实行了成功的土地政策,平均地权,调动了农民的革命热情,改革开放初期,再次调整土地政策,包产到户,充分调动了农民的生产积极性。

对于家庭联产承包责任制的地位和作用,理论界已经形成共识,认

第1章 导 论

可这一制度对农村经济发展所做出的突出贡献。按照林毅夫的测算，在1978~1984年的农业产出增长中，家庭联产承包责任制对农业产出增长的制度效应约为46.89%。这一制度由于在微观经济领域激励了经营主体的劳动积极性，提高了资源配置的效率，从而推动了市场机制的形成，改善了农村经济的落后面貌。改革开放30多年来，我国农村经济生活和社会生活的良好面貌便是最好的证明。家庭联产承包责任制是中国农村产权制度变革的一个成功典范，然而，这一制度安排在最大限度地释放制度能量的同时，其缺陷也开始显现。以1985年为起点，连续四年全国的粮食总产量都低于1984年4亿吨的水平，此后的粮食总产量波动不定，1997~2003年粮食产量连年下滑，人均粮食产量降至330千克，甚至低于1982年的水平（人均349千克）。2005年至今，在国家重新振兴农业、废除农业税、提高粮食收购价格等一系列政策下，粮食产量出现小幅提升。①然而农民收入增长缓慢、城乡二元经济结构差距持续拉大的现象依然显著，这突出地表现在：①对农村土地权益的争夺加剧，相关利益集团参与土地增值收益的分割，农民的土地收益权受到侵害；②农业经营方式粗放，土地抛荒、撂荒现象严重，土地和劳动力边际产出率降低；③农村土地集体所有制下的土地流转市场发育缓慢，导致农业生产规模小，资源配置难以优化。这说明现行的土地产权结构和资源配置方式已不能适应农业现代化、产业化发展的要求。

摆在我们面前的现实问题是：家庭联产承包责任制下的农村土地产权制度的根本缺陷究竟是什么？如何厘清现有农村土地产权关系下的经济现象及其背后隐藏的本质问题？如何看待现有农地产权制度下的各种矛盾？改革的方向和重点在哪里？对于这些问题的探索和回答，不仅有

---

① 数据来源：中国经济统计数据库。

助于我们正确理解农村土地产权制度的特征,并引发深入的理论思考,而且直接关系到我国农村经济改革的战略调整方向和政策制定。

"三农"问题尽管涉及面广且复杂,但其制度根源则是农村土地产权结构安排不合理,因为产权制度影响着人们的基本利益关系、分配方式和行为方式。本书就是用实证的分析方法研究我国农村土地产权制度结构及其权利配置,为现代农业和农业产业化寻求更合理的权利配置方式。从产权构成的三个要素来看,产权客体——土地虽然包括耕地、集体建设用地和宅基地三种类型,但是作为生产要素其本身并不复杂,对于农地产权的权能结构或者说权利束,也已经有了相当广泛和深入的研究,唯独农地产权主体这个最重要又复杂且模糊不清的要素却少有研究,这是一个被普遍忽略了的研究角度,而这一角度的研究却是一把可以破解我国农地产权制度内在矛盾的利剑。本书就是从农地产权主体这一角度来剖析和阐述我国现行农村土地制度问题的,具体来说,就是通过对国家、农民集体、集体经济组织或村委会、农户四个不同的土地产权主体所拥有的权利及其在农地产权制度中不同的地位、权利的大小及相互关系的分析,清晰再现我国农地产权制度中的权利误配和利益重叠关系,并通过主体权利的重叠和权责不一致揭示我国农村土地集体所有制的制度性质,从中得出有益经验,为政策调整和改革提供建议。

第 1 章 导　论

1.2　研究方法、思路和结构

1.2.1　研究方法

根据产权理论与我国农村土地产权制度实施的实际情况，结合所研究的主要问题，本书主要的研究方法有如下两个：

首先，以产权理论及其结构作为基本的分析工具，详细阐述了我国农地产权主体拥有的权利及其行为特征，并在这一理论体系指导下，构建我国农村土地产权制度的分析框架。

其次，是实证分析方法。即从我国农村围绕土地产生的各种现实的经济利益关系出发展开理论分析，将农地产权的法律规定和实际的经济关系严格区分开来，把理论和法律上的应然状态和现实经济生活中的实然状态严格区分开来，不仅全面揭示了我国现行农村土地产权制度的制度特征和实际运行情况，探讨了产权冲突的表现和原因，而且从中探索出了我国农村土地产权制度改革的规律和原则。

1.2.2　思路与结构安排

本书的分析思路是从我国农村土地产权多元主体的角度出发，按照提出问题（我国农地产权具有多元主体）、分析问题（多元主体的权利重叠和行为冲突）、得出结论进行的。

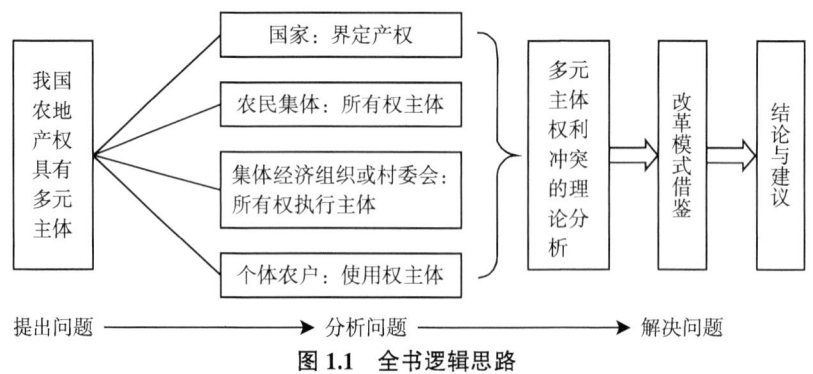

图 1.1 全书逻辑思路

本书的结构安排除导论外主要包括以下三大部分：

第一部分是文献综述和提出问题。通过对前人关于产权理论与我国农地产权制度的梳理提出本书所要研究的问题和基本观点。具体内容包括产权的基本理论、我国农地产权制度研究综述、国家权力与农地产权残缺、我国多元产权主体以及产权冲突与制度变迁的关系等。这是本书第2章的内容。

第二部分是本书的主体部分，包括五章，分别分析农地产权的国家、农民集体、集体经济组织或村委会、农户个体四个主体分别拥有的权利、地位以及相互之间的冲突和矛盾。这是第3~6章的内容。第7章建立了一个基于合约理论的分析框架，研究多元农地产权主体下的制度均衡，并得出相关可供检验的命题。

第三部分是改革案例模式和本书的结论及政策建议。这一部分在总结我国农地产权多元主体的矛盾和性质的基础上，对成都市农村产权交易所、天津市宅基地换房、天津市泰华枣业合作社、山东省寿光市蔬菜批发市场、山东省征地区片综合地价等多地改革模式进行案例分析，同时得出改革的原则思路和政策建议。这是本书第8~9章的内容。

第1章 导 论

1.3 本书的创新与不足之处

1.3.1 创新之处

本书力求在以下几个方面有所创新：

首先，本书以分析我国农村土地制度的实际运行状况为主，并通过法律制度规定与现实经济实施层面之间的不一致，全面分析当前我国土地制度关系中多元化产权主体的权利冲突和利益矛盾，从而揭示出我国农村土地产权真实的经济性质。

其次，通过深入了解我国农地产权关系的应然状态，本书描绘出了我国农地制度变迁的规律：我国农村土地产权制度改革的规律是依据市场经济发展的不同阶段，按照不同时期、不同地区土地的生产功能和社会保障功能对整体经济格局的影响，确定了影响改革的两个因素——土地的市场经济价值和社会保障功能，同时依据土地两种功能相对地位的转换调整土地制度安排。这一改革规律从根本上反映了现行国家政策的实质是对效率和公平的平衡抉择，因而它也将随着社会经济发展特别是农业发展水平的变化而变化。

最后，针对多元产权主体的行为关系及其利益矛盾总结改革的原则和建议。改革的原则就是理顺多元产权主体之间的权利关系。改革的建议包括：规范国家管理权；探索集体产权的有效实现形式；理顺村民委员会的土地权利和经济职能；促进农民土地使用权的有序、合理流转，推动土地制度三权分置改革。

1.3.2 不足之处

由于能力有限,本书难免存在不足之处。首先,相关文献阅读的不足可能影响笔者对产权理论理解和把握的深度,理论分析的程度则会影响对现实问题的解释力和指导作用。其次,本书的一个基本分析框架是从国家、集体、集体产权执行者和农户四个产权主体的角度分析农地产权的冲突与矛盾,对于这一框架是否能够涵盖并揭示所有农地产权制度存在的问题,还需要众多学者进一步研究和补充。此外,农业的现代化和农村土地制度改革中的矛盾不是一两项简单的政策或制度就能够解决的,农业专业化生产与市场化改革也离不开城市工业经济的发展与反哺作用,因此农村改革除了土地产权制度本身的改革之外,还需要相关配套措施的建立,比如城乡二元户籍制度的改革、建立并健全农村社会保障机制、农村市场的开拓、先进技术水平的引进、农村金融服务等,今后必将沿着这一框架开展相关的后续研究工作。

第 2 章
我国农地产权的多元主体和权利冲突

2.1 我国农地产权制度研究综述

2.1.1 我国现行农村土地产权制度存在的问题

农村土地制度是一种以农村土地的占有、使用、开发、管理为行为目标和对象的复杂的制度体系,它具体包括农村土地的所有制度、土地经营使用制度、土地流转制度、土地管理制度四个方面的内容。农村土地产权制度的核心是土地的占有和使用。在已有的经济学文献中,关于我国农村土地产权制度的观点,众说纷纭,总体来说,关于农地产权制度的研究主要是围绕以下几个问题展开的。

2.1.1.1 国家权力对农村土地产权的干预

对这一问题的研究主要集中于两个突出的经济现象:第一,国家土地征收征用制度对集体利益的侵害以及造成的农民收益的损失有多大?

较多的理论研究和经验性研究结果表明,在土地征用过程中,征地的价格普遍偏低,土地增值部分被地方政府和开发商瓜分,对农民的土地补偿费的分配不规范,失地农民的生活受到严重影响(温铁军,2000;蒋省三、刘守英,2003;杨进、张迎春,2005;杨一介,2003;李自成,2004;黄小虎,2002;胡茂,2006;唐欣瑜,2014;王崇敏等,2014)。第二,农村集体所有制是否赋予基层政权过大的土地权利,这种权利在何种程度上导致了资源配置的扭曲?扭曲的损失为多少?党国英(2005)的研究表明,在中国农地市场交易中,乡村权贵阶层拥有的各种非市场资源使其处于非常有利的地位,土地增值收益被乡镇政府和村社区组织分割了,其根本性缺陷就在于我国土地交易中政府权力太强,导致市场中的平等交换被行政命令取代。① 张晓山(1992)也认为法律界定的模糊与承包经营权的不稳定,导致乡镇政府和社区组织可以轻易地借助对资源权利的掌握介入农村经济生活的各个环节,② 为自身谋取经济利益。还有的学者从村委会与集体经济组织之间的法律关系来分析村委会权力过大的原因,认为二者往往是"两块牌子、一套班子",村委会运用行政权力管理集体资产,村干部挥霍、侵占集体财产、低价出让土地招商等短期化行为频频发生,农民利益受损,集体资产流失的现象屡见不鲜(陈剑波,2006;周斌,2008;张鸣明,2005;谢琳、罗必良,2013;陈慧荣,2014等)。

关于国家在农村土地产权制度中的作用和地位,大部分的研究都特别关注国家土地征收征用制度中征地的价格、程序、补偿机制及征地途径的强制性特点,对征地过程的研究比较深入而对国家征地行为本身性

---

① 党国英.农村改革攻坚[M].北京:中国水利水电出版社,2005.
② 张晓山.联结农户与市场[M].北京:中国社会科学出版社,1992.

第 2 章 我国农地产权的多元主体和权利冲突

质的研究却相对较少关注。农村基层政权作为国家控制农村经济的一个重要链条,其行为虽然在一定程度上反映了国家的意志,但是其在农地制度中的职能仅仅构成基层政权行为特征的一部分。同时,作为农村基层自治组织和集体代理人的村委会,还具有风险偏好、农地非农化等行为倾向,这些行为特征使基层政权在农村土地资源中的权利扩大,也造成土地产权的弱化和虚化,基层政权俨然成为相对独立的农村土地产权主体。此外,国家对农村土地制度的干预还充分体现在国家土地利用规划、矿产、水产等一系列土地利用管理制度中。

2.1.1.2 集体所有制存在的理论逻辑

张德元(2002)认为由于集体没有一个实体,所谓集体所有"名不正言不顺"。杨勋(1989)将集体所有制看作我国农业危机的主要根源,不能因为其长期存在而认为它符合我国实际。① 文贯中(2008)指出现行的农地制度对于实现全社会范围内的公平和分享繁荣的目标而言已经构成了制度性的障碍,它也不利于土地规模经营收益的实现,因此必须通过土地私有及土地的自由交易来完成。② 温铁军(2000)坚持家庭联产承包责任制存在的必然性,他认为目前中国最大的稳定器就是农民平均占有的土地制度,土地对农村人口的社会保障功能已经越来越大。他坚决反对土地私有化政策,土地私有化的直接结果就是土地的兼并,最终将导致暴力冲突,温铁军的土地双重功能论(生产功能+保障功能)基本被大家所接受。有的学者虽然坚持农村集体所有制存在的必然性,但同时也承认现有制度引起的所有权主体缺位是土地使用权流转不畅的根本原因(雷玉德,2001)。③

---

① 杨勋. 国有私营:中国农村土地制度改革的现实选择 [J]. 中国农村经济,1989(5).
② 文贯中. 土地制度中的公平和效益 [N]. 经济观察报,2002-9-30.
③ 雷玉德. 浅析我国农村土地的所有权主体 [J]. 无锡轻工业大学学报(社科版),2001(2).

中国农村土地的制度性质

集体所有制是我国农村土地制度变迁的历史产物,对集体所有制的评价和理性判断需要从历史的视角分析集体产权演变的逻辑根源。集体产权为什么存在?其存在的条件有哪些?新的时期集体产权的地位和职能面临哪些问题和障碍?全面深入地分析集体所有制存在的历史根源、内外部环境及其职能的变化对于理解不同时期集体所有制的性质至关重要,撇开这些外部条件,单纯地就集体所有制本身而讨论其存在性只会导致形而上学。

2.1.1.3 农村土地行政性调整是否合理

一般研究认为,频繁的土地行政性调整使农民失去了对土地的稳定预期。在产权经济学家看来,稳定而独立的土地产权是市场交易的前提和基础,他们认为调整频繁的地权由于缺乏稳定性,阻碍了农地使用权市场的发育,因此土地行政性调整的频繁就意味着农地市场流转机制根本不起作用(迟福林,1999;邓大才,1997;钱忠好,2002,2003;丰雷等,2013)。姚洋(2000)通过土地调整与农业绩效关系的实证研究,认为土地均分虽然能够克服生存风险,但是残缺的土地产权以及频繁的土地调整会导致土地产权稳定性效应,这可能会严重影响农户的中长期投资。[①]基于上述研究分析及结论,很多学者呼吁只有将土地产权回归农民所有,实现真正的"耕者有其田",才能确保土地使用权的流转,保障农民的切身利益,实现土地的规模经营[②](窦开龙等,2003)。然而龚启圣和刘守英(1998)的调查结论却恰恰相反:大多数的农户(62%)认同现存的土地制度,即土地根据家庭人口的变动定期做出调整符合农民的意愿。[③] 田传浩、贾生华(2004)通过计量检验结果表明,集体供给农地使

---

① 姚洋.中国农地制度:一个分析框架[J].中国社会科学,2000(2).
② 窦开龙.我国农地产权制度问题研究回顾与综述[J].湖州师范学院学报,2003(1).
③ 龚启圣,刘守英.农民对土地产权的意愿及其对新政策的反应[J].中国农村观察,1998(2).

第2章 我国农地产权的多元主体和权利冲突

用权市场对农户之间的自发农地交易有替代作用,因此土地调整对农地交易市场效率的影响并不确定。①

2.1.1.4 农村土地流转市场发育滞后

中国现行的土地制度造成了土地经营规模狭小,土地条块分割的现状,然而农地流转市场发育的滞后则进一步成为农业生产发展的瓶颈和障碍。关于农地使用权流转缓慢的原因,国内理论界主要有两种观点。

一种观点认为造成农地流转缓慢的主要障碍是农村缺乏有效的社会保障体系,农民将土地作为生存和发展的最后退路,这使农户不愿意完全脱离农村土地,土地的社会保障功能牵制了农地的流转和集中。邓大才(2001)、何静(2001)等多数学者都认为农村土地肩负着沉重的农民就业功能和社会保障功能,土地的这两种功能制约了个体农户流转土地的意愿。周先智(2000)、许恒周(2005)等从城乡二元户籍制度入手,认为城市没有为进城务工农民的养老、医疗等进行制度规定和合理保障,这使得进城农民不愿意放弃土地。

另一种观点认为我国还没有建立起土地使用权流转的市场机制,缺乏对土地资源价格定级评估的专业知识和机构,土地流转的信息平台和市场平台都还没有建立,农地流转服务机构和融资机构缺失,这些都导致农地使用权流转的困难。程久苗(2002)从土地法律制度层面分析土地流转问题,认为由于法律没有充分保障农户的产权地位,土地流转具有国家、集体两个市场双轨制的特性,阻碍了土地使用统一市场的形成。丁关良(2003)认为农地不能有效流转的根本原因是土地流转与承包地调整制度之间存在冲突。

---

① 田传浩,贾生华. 农地制度、地权稳定性与农地使用权市场发育:理论与来自苏浙鲁的经验[J]. 经济研究,2004(1).

中国农村土地的制度性质

我国农村土地行政性调整与土地流转市场是配置土地资源的两种方式,二者是相互替代、互为补充的关系。前者是集体主体利用行政调整的方式改变土地资源在家庭农户之间的分配,后者是土地使用者主体之间利用市场价格机制调节土地要素的配置方式。在两种资源配置方式并存的情况下,孤立地分析任何一种配置机制都是不完全的,作为互补的两种制度在土地产权的分配中必然存在矛盾和碰撞,这一矛盾表现在哪些方面?各土地产权主体在土地收益分配中的诉求如何?不同地区产权主体的土地配置方式的意愿有什么不同?对这些问题的理解将有助于我们平衡两种配置方式的地位,也有利于认清现行土地产权制度的矛盾和症结。

2.1.2　我国农村土地产权制度改革思路总结

目前学术界关于农村土地制度改革的思路大致有以下三种:

土地改革的第一种思路:农地私有化。这种思路的主要观点是:家庭经营已经使农民实际上占有了土地,集体应该放弃徒有虚名的所有权。土地私有化产权明晰,满足了农民"耕者有其田"的愿望,保证了农户对土地拥有排他性的产权,有利于对土地形成稳定的预期,增加了土地的流动性,具有较强的利益激励,保证了土地资源的高效配置,进而能够促进农村剩余劳动力的转移,加快城市化进程,更好地发挥农地的社会保障功能,有利于农村社会的稳定等。坚持这一观点的学者有杨小凯、蔡继明、文贯中、李兴江、秦晖、窦开龙、格林斯潘等。杨小凯认为,土地制度的根本症结在于农民没有土地财产权,应该实行彻底的私有化,私有化不仅不会导致贫富分化,而且对减少社会纠纷、稳定地方财政都有重要意义。杨小凯还进一步指出土地私有化的两个最主要标志,即无

第2章 我国农地产权的多元主体和权利冲突

限期可继承的所有权和自由交易租赁权（杨小凯，2002，2004）。① 蔡继明（2005）认为现有农村土地制度的弊端是我国实现现代化的主要制度性制约，进而从农地私有的必要性、可行性和私有化的绩效来论证农地私有化政策。李兴江（2001）、窦开龙（2003）、文贯中（2002）皆从土地规模经营的目标来支持私有化土地政策。格林斯潘也提出，要彻底改变中国贫富分化的问题，就必须要给予农民以真正的土地所有权。温铁军、杨一介等持反对意见，温铁军（2000）、陆娱（2001）从社会稳定考虑，认为我国不宜实行私有化，土地是农民的保障，私有化后土地流转的凝固程度将比任何一种所有制形式都高。杨一介（2003）分析了由国家行政权力及对土地征收权的行使不当，造成集体及其成员的财产损失，杨一介认为私有化的可行性还是一个尚未被证实或证伪的命题，没有大量的农村人口转移出来，私有化的效率将十分有限。②

土地改革的第二种思路：国有化。这种思路设想的方案是，明确土地所有权归国家所有，把作为经营权的承包制改为租赁制。农地国有化解决了集体所有制下的地块分割、规模狭小、不利于规模效益的弊端，可以加速实现土地商品化和规模经营，促进农村剩余劳动力转移，使国家和农民之间建立一种平等的租赁契约关系，并可有效保证国家的宏观调控。这一思路的代表性学者有：周天勇、刘凤芹、张德元、魏正果、杨勋、朱晔、邓大才等。张德元（2002）建议在土地国有的基础上确立国家和农民之间的永久性租佃关系。③ 魏正果和杨勋（1989）不谋而合地

---

① 杨小凯. 中国改革面临的深层问题[J]. 战略与管理, 2002(5).
② 杨一介. 中国农地权基本问题[M]. 北京：中国海关出版社, 2003.
③ 张德元. 实行土地国有化赋予农民永佃权[N]. http://www.xslx.com/htm/jjlc/lljj/2002-11-24-11403.htm.

认为土地产权制度的最佳选择应当是"国有私营"。①② 周天勇（2004）将农地国有设想为999年的承包经营期限，承包后去世的人口不减土地，新增加的人口不再增加土地，999年期土地经营使用权可以抵押、继承、赠送、转让。这一改革方案实际上等同于给了农民土地永佃权，也就相当于真正的土地所有权。刘凤芹（2004）认为，现有土地制度的问题出在集体代理人——村委会身上，必须剥夺村委会的土地权力收归国有，国家拥有农地的所有权，并负责土地非农化的审批，而将土地的使用权、收益权、流转权界定给农民，村委会只具有代签约权，只有这样才能从根本上限制村委会的寻租行为。朱晔（1998）和邓大才（2002）则从社会主义制度的必然要求方面论证土地国有化的改革路径。反对者从国有化的途径上提出了质疑，认为如果以收买的方式进行，国家很难承受巨额赎买金，如果是以强权无偿剥夺的方式进行，则很有可能因为改革的成本太大引起社会动荡。

土地改革的第三种思路：改良派，即主张在现有农地集体所有的基础上完善家庭承包制。这种设想的核心思想是保持现阶段农地集体所有制不变，进行农地使用权流转制度的创新，进一步完善家庭承包责任制。这种改革思路的主要政策建议包括：推进土地承包物权化进程；在稳定家庭承包制、实行土地使用权长期化的基础上，促使土地使用权流转，实现农业适度规模经营；推动双重两权分离，即所有权与承包权、承包权与经营使用权分离；培育使用权交易市场，建立社会保障制度等。这种保持农地集体所有，进而强化农地使用权的产权设想既符合我国的现实国情，又可节约大量的制度变迁成本，一定程度上代表了目前情况下

---

① 魏正果. 我国农业土地国管私用论 [J]. 中国农村经济，1989（5）.
② 杨勋. 国有私营：中国农村土地制度改革的现实选择 [J]. 中国农村经济，1989（5）.

第 2 章 我国农地产权的多元主体和权利冲突

我国农地制度的发展方向,相对于前两种观点,改良派在操作实践上具有较大的可行性。改良派又可以分为两种:一种观点从稳定土地承包经营权入手,如迟福林(2001)倡导继续稳定家庭联产承包责任制,在此前提下赋予农民长期而有保障的土地使用权,并逐步稳定过渡到土地使用权长期化。① 党国英(1998)呼吁把土地承包权永久地固定给广大农民,使农民的土地承包权成为一种含有使用权、转让权、继承权和抵押权的土地产权。② 另一种观点主张从改革集体所有制的组织形态为切入点理顺土地产权关系,如雷玉德认为,土地流转不畅的根本原因是所有权主体的缺位,由此造成土地利益关系的混乱,他认为农民集体对土地的所有应该选择合作社这一组织形式。周诚(2004)认为,现在的农村土地集体所有制是"混合共有制",其所有权属于"共同共有制",而使用权属于"按份共有制",完善农地集体所有制的关键是使集体土地所有权主体规范化。周诚主张由村民小组等集体经济组织践行管理集体财产的职能,只有这样才能明确集体土地的主体归属问题。邓宏图、崔宝敏(2007)认为,中国的农地集体产权缺乏一个具有生产、经营和寻利功能的实体性的"利润中心与财务中心",这才使得集体产权被虚化,因此只有把分散的农户协调、组织在一起,构建一个新型的农村集体经济组织,才能避免农户在生产经营过程中的"风险损失"与市场交易过程中的"价格损失",从而最大限度地获取土地转让的溢价。③

---

① 迟福林.家庭经营也能实现农业现代化[N].经济参考报,2001-9-24.
② 党国英.赋予农民长期而有保障的土地使用权[J].中国农村经济,1999(3).
③ 邓宏图,崔宝敏.制度变迁中的中国农地产权的性质:一个历史分析视角[J].南开经济研究,2007(7).

2.1.3 简短的评论

有关农村土地所有权制度的界定问题虽然一直是理论界争论的对象，但是在实践操作和政策层面上，并没有也很难成为中国土地制度创新的突破口。相反，我国农村土地制度的变革，是以农村土地承包经营方式和使用权制度的创新作为改革中心的。虽然私有产权制度由于具有较高的排他性和可转让性而备受西方产权经济学家的青睐，但是由于改革具有很强的路径依赖性，我国农地产权矛盾又十分复杂，涉及的主体利益矛盾较多，因此私有制改革不可避免地会影响农村社会的稳定性，承担高昂的制度成本。只有在新制度变迁的收益大于成本时，改革才会发生，因此，农地的私有化至少在目前还不具备可能性和操作性。同样，农地的国有化在国有的方式和途径上也面临操作的难题，何况由于深受人民公社"一大二公"经营制度之害，农民对土地国有化存在心理上的恐慌，不免产生抵触情绪。

实际上，农村土地产权制度改革并不单单是土地制度的国有化或私有化问题。纵观所有计划经济体制国家向市场经济体制国家转型的整个历史过程可以发现，制度变迁都不是在一次改革变动中就能完成和成功的，而是一个动态优化、持续渐进的长期过程，幻想通过某一项政策或措施一蹴而就地实现改革目标只能出现杀鸡取卵的后果。周冰基于对各转型国家的实践过程和分析结果，提出了一种过渡性制度安排的理论，并将这种理论作为"正确理解和解释中国平滑式体制转型的一把钥匙"。①虽然过渡性制度安排具有时间上的不稳定性，但它作为从一种体制结构向另一种体制结构转型的中间状态，其内部各个制度安排之间的不协调

---

① 周冰. 过渡性制度安排与平滑转型 [M]. 北京：社会科学文献出版社，2007.

第2章 我国农地产权的多元主体和权利冲突

状态和非均衡现象必将成为下一轮改革方向新的历史逻辑起点。深入分析和探讨这一体制转型中的制度矛盾与实际经济层面的非均衡现象，对于理论的推进和改革实践都具有重要意义。

中国农村土地制度法律层面的规定林林总总，产权关系错综复杂，权利的实施纵横交错，利益矛盾层出不穷，有关农村土地制度的改革模式和措施也不胜枚举。贵州湄潭"生不增、死不减"的制度改革确实切断了人口变动与土地调整之间的关系，但是这一制度安排仅限于贵州。由于复杂的山地地形，土地的市场价值较小，贵州历来土地调整并不十分频繁，因此贵州的经验不可大面积推广。新型农业生产合作社是现在理论界推出的新主张，但是笔者通过在山西、山东、天津等地的实地调查发现，新型合作社的成立与发展的对象基本都属于经济作物，大都不涉及粮食生产。如果种粮问题得不到根本解决，农村土地问题仍旧存在，农业劳动力还是没有得到充分的利用。对于中国的农村土地经营来说，土地产权制度创新模式的好与坏，判断的依据并不仅仅在于产权制度本身，还要看这种新的制度安排在现有制度框架下能否建立起一个长期有效的激励机制，政府行为是否有信誉，机会主义行为是否有生存的空间，农户能不能形成稳定的生产与收入预期，农民优化土地资源配置的要求能不能得到满足。总之，问题的关键不在于制度本身的好坏与评价，而在于现存的制度环境下如何能够让农民获益。

因此，本书并没有围绕我国农地制度的改革道路展开篇幅，写作的意图也不在于评价各种改革的优劣，而是实证分析现有制度框架下我国农村土地产权实施的实然状态。基于上述研究内容和目的，笔者以产权理论作为基本的分析工具，选取我国农村土地产权制度中的多元产权主体作为分析的主线，客观描述了多元产权主体实际拥有的土地权利及主体间权利的重叠与冲突，以此揭示我国农地产权制度的主要问题。

中国农村土地的制度性质

2.2 产权理论

2.2.1 产权的含义

产权（Property Rights）是财产权利的简称。历史上最早的关于产权定义的法律是《罗马法》。该法认为：产权的基础，是对物的使用权（Ius Utendi）、从物上获得收益的权利（Ius Fruendi）、对物的处置包括转让的权利（Ius Abutendi），完整的产权包括这三种权利。①《罗马法》基本上包含了今天的使用权、收益权、转让权等产权的重要内容。《新帕尔格雷夫经济学大辞典》中阿尔奇安对产权这一词条的诠释是"一种通过社会强制而实现的对某种经济物品的多种用途进行选择的权利"。②根据阿尔奇安的观点，产权是由社会法律制度强制给定的一种规则。给定一组产权约束，就会形成一套决定竞争胜负的标准，当规则发生改变时，标准也就随之改变，如果标准改变，胜利者和失败者的分布也将改变。德姆塞茨（1991）则分析了产权的功能，他认为"产权是一种社会工具，其重要性就在于事实上它们能够帮助一个人形成他对其他人进行交易时的合理预期"。③

---

① 弗鲁博顿，芮切特. 新制度经济学——一个交易费用分析范式 [M]. 姜建强，罗长远译. 上海：上海三联书店，上海人民出版社，2000.
② 约翰·伊特韦尔，默里·米尔盖特，彼得·纽曼主编. 新帕尔格雷夫经济学大辞典（第三卷）[M]. 北京：经济科学出版社，1996.
③ 德姆塞茨. 关于产权的理论 [C]// 科斯. 财产权利与制度变迁论文集. 上海：上海三联书店，上海人民出版社，1991.

第2章 我国农地产权的多元主体和权利冲突

产权不同于所有权，所有权是一种法律上归属的符号，表明某人对某物在法律上的占有，强调的是"占有的权利"和归属性，是社会哲学范畴，所有权不能分割。产权是指私人、组织、政府在一定时间内对财产行使的使用权、收益权和转让权，它包括属于本人的财产（拥有所有权）和不属于本人但归本人支配和控制的财产权利（不拥有所有权，如租赁），产权也包括在交易中对商品和劳务的权利。产权是一种经济上的行为权利，它具有比所有权更广泛的范围和交易性。例如，我国现有的法律制度规定，农民集体享有农村土地的所有权，这种所有权是受法律保护、神圣不可侵犯的，但现实情况是，由于政府通过其行政性权力拥有管理资源的权利，产权及其收益的大小会激励政府官员以更有利于其自身利益的方式运用这项权利，这就导致地方政府与土地开发商勾结，以较低的价格征收土地，严重损害了农民的利益。因此，产权不仅能够激励人们联合资源进行专业化分工和生产，同时也会带来相关的利益冲突。西方新制度经济学家都是从产权安排、制度结构以及对资源配置效率影响的角度分析产权在经济运行中的作用。马克思虽然并没有明确提出"产权"这一概念，但是马克思在其论著中分析了财产所有权以及所有制问题。马克思从揭露私有财产制度下财产所有者与雇佣者之间的剥削关系研究不同的社会阶级之间的利益关系，他认为所有权制度是生产关系的一种表现，同时和一定的生产力和生产方式相对应，"土地所有权的正当性，和一定生产方式下的一切其他所有形式的正当性一样，要由生产方式本身具有的历史的、暂时的必然性来说明，因而也要由那些由此产生的生产关系和交换关系具有的历史的、暂时的必然性来说明。"[①]在生产力水平和资本主义经济发展阶段的限制下，马克思所讨论的权利除了包

---

① 马克思.资本论（第三卷）[M].北京：人民出版社，1975.

含市场经济中人们所拥有的基本交换的权利之外,而且还包含着作为一个阶级或阶层如何被先验的所有制格局所限定的那种权利,这类权利使"劳动生产剩余"被严重地误配了,这是一种被制度化了的、难以改变的、刚性的社会结构。

产权及产权所属的不同权利是可分割和可交易的,可以同时归不同的人所有,因此要想行使此权利并获得收益,就必须清晰地界定权利。但是现实中要保护和界定产权是需要费用的,如果界定和保护产权的费用为零,人们就能无成本地享受产权所带来的所有收益。但是现实中,交易成本不为零,[①] 人们为了获得产权所带来的收益,就必须首先对这些权利进行排他和保护;其次要对每一项权利的适用范围及其潜在能力进行界定。正如巴泽尔(1999)所指出的,"人们对资产的权利……是他们自己直接努力加以保护、他人企图夺取和政府予以保护程度的函数,最后这一点主要是通过警察和法庭奏效"。[②] 产权并不是免费得来的,更不是永久不变的,这一切都是要付费的。越是想完整地保护和界定产权,为此所支付的成本也越高,当界定和保护产权的费用之和高于其所带来的收益时,这部分产权就被放弃了。因此,想要完整或完全地界定产权是不现实的,除非交易成本为零,在现实世界中,一旦引入正的交易费用,情形就大不一样了。这正如经验所表明的,在正的交易费用条件下,资源的所有权对于经济结果的影响就是重要的了,经济的激励机制就会发生变化,行为也会随之改变。例如,这时在农地租佃合约中,监督承租人的成本就变得很高,因而承租人就会有较大的自由来追求自身的利

---

① 科斯.社会成本问题.转自财产权利与制度变迁论文集 [M].上海:上海三联书店,上海人民出版社,1991.
② 巴泽尔.产权的经济分析 [M].费方域,段毅才译.上海:上海三联书店,上海人民出版社,1999.

第2章 我国农地产权的多元主体和权利冲突

益,从而给地主带来损失。通过以上各种有关产权的界定和理解,可以看出,虽然在文字表述上各有差异,对产权解释的角度和重点有所不同,但是本质上都是一样的。对产权的理解可以概括为以下六个方面:

第一,产权代表的是人与人之间的社会权利关系,它是由物的存在及关于它们的使用所引起的人们之间的行为关系,用来确定每个人相对于其他人使用稀缺资源时一系列的地位和社会关系。产权确定了人们的行为规范,离开了相关的行为主体,产权及其各项权利是毫无意义的。

第二,产权是一组权利束,它是人们对财产所拥有的各种权利的总称。产权是可分的,它是包括所有权、使用权、转让权、收益权及各种权能项的集合。所有权是人们对财产法律上的占有关系;使用权是产权主体使用或经营财产的权利,是产权的核心权能,这一权利不包括将其出租、出售或改变财产形态的权利;收益权即获取资产收益的权利,是产权的目的性权能;转让权又称处置权或让渡权,是指双方以一致同意的价格把所有或部分上述权利转让给其他人的权利。产权并不是上述各项权利的简单相加,而是要深入分析可转让条件下产权的全部权利在空间和时间上的分布状态以及产权内部各种权利之间的边界和相互制约关系。

第三,产权是对某种稀缺资源的权利,这种权利是具有排他性的。排他性是私有产权的决定性特征,不仅意味着对资产排他性的权利,也意味着对资产排他性的各项成本和责任。

第四,产权是可分割的,其所包含的权利项可以重新分解和组合。因此,产权可以同时归不同的产权主体所有。可分割性的存在,可以增加财产的有用性,使具有不同需求的人们将某项独特的资产投入到他们发现的最有价值的用途上去,才能有大规模集中使用资产的大型股份公司等的出现。

第五,产权具有可交易性和可转让性。可转让性是体现产权完整性

中国农村土地的制度性质

的最为重要的组成部分,它确定了产权主体承担资产价值的变化的权利,有助于资源保护和资源的充分利用。产权本身也具备商品的基本特征,可交易性是产权的基本属性。

第六,产权具有资源配置和收入分配的功能。产权的资源配置功能是指产权主体在价格信息的指导下,将其所拥有的资源投入到能够带来个人效用最大化的领域,促使资源根据市场需求变化在全社会自由流动,提高资源的配置效率。产权的性质决定了有关财产收益的归属关系,由于信息不对称和契约不完全性的存在,产权的剩余控制权和剩余索取权就变得异常重要,因为它们影响着产权主体讨价还价后的既得利益状态,① 因此财产收入分配是否公平就取决于产权主体对联合产权剩余的索取权和控制权。

2.2.2 产权要素与产权结构

2.2.2.1 产权要素

产权要素又可称为产权的内容,是构成产权的最基本的要件,它是从静态角度分析产权内容的。产权要素具体包括产权主体、产权客体、主体对客体享有的权利束,② 产权就是产权主体关于产权客体的权利束的分配状态和经济利益关系。

产权主体是指"依法拥有一定财产(包括有形财产和无形财产),具有民事行为能力和民事权利能力,并能相应承担民事责任的自然人和自然人组织体"③。随着市场经济中主体多样化发展的要求,产权主体也具

---

① Grossman, Sanford J, Hart, Oliver D. The Costs and Benefits of Ownership: A Theory of Vertical and Lateral Integration [J]. Journal of Political Economy, 1986 (94): 691–719.
② 叶剑平. 中国农村土地产权制度研究 [M]. 北京: 中国农业出版社, 2000.
③ 李春洪. 关于产权主体和产权客体的认识 [J]. 南方经济, 1995 (11): 20.

第 2 章 我国农地产权的多元主体和权利冲突

有多元化的倾向和特征。产权主体包括以下几种:

第一种是个人(家庭)。个人(家庭)是市场经济中最直接的劳动者、投资者和消费者,是市场生产、交换、分配、消费活动的经济前提,个人(家庭)拥有最多样和充分的财产权利。

第二种是企业。企业作为产权主体的特征是若干个个人财产联合形成的组织,它是在个人合约基础上的联合产权主体。企业主体又可分为自然人企业和法人企业。在法人企业中,出现了产权的分割重组,投资者和企业法人都是产权主体。

第三种是非企业社团。虽然非企业社团不以盈利为目的,但是其对社团内的固定资产都拥有合法的财产权利,相应的产权主体地位也得以确立。

第四种是国家。在我国的全民所有制企业中,国家是合法的产权主体。在其他财产权利制度安排中,国家仅承担一定的政府管理职能,虽然不是合法的产权主体,但国家在实行管理社会财产的职能过程中,往往具有一定的行为权利,成为事实上的产权主体。

产权客体是指能够体现产权主体行为意志和权能、给产权主体带来经济利益的一定形态的客观对象物,它包括有形财产和无形财产。任何产权都是以特定的客体存在为前提和基础的,没有产权客体,产权便不存在。最初产权客体仅限于具有使用价值的自然物和劳动产品上,随着社会生产力和市场主体多样化发展的需求,产权客体逐渐脱离具体的使用价值形态,向使用价值形态和价值形态并存的方向发展,一切商品和货币都成为产权客体。产权客体价值形态化对于分离资产的所有权和使用权、灵活配置社会资源具有深刻的意义。

产权的权利束是指产权主体对产权客体拥有的各项具体权利,包括所有权、使用权、转让权、收益权等,它反映了行为主体之间的经济利益关系，权利束在产权主体间的不同配置状态和组合方式就形成了不同的产权结构。

2.2.2.2 产权结构

产权的权利束包括所有权、使用权、转让权和收益权等。由于产权具有可分割性，这就意味着产权的权利束可以被分解和重组。产权的各个权利项可以归属于一个或多个产权主体，这就会形成不同的权利组合关系，也即不同的产权结构，不同的产权结构具有不同的激励和约束机制。产权制度安排就是人们对财产权利项，尤其是对资源的所有权和使用权的结合方式。历史上存在很多不同类型的产权制度安排：第一种类型是私有产权，属于个人的产权即为私有产权，它可以通过转让并放弃该项权利以换取对其他物品的权利，它限制了产权拥有者之外的其他任何一个人对该物品的可允许行为。私有产权的拥有者具有完全的排他性，使得权利和责任集中于某一人，可以克服搭便车和外部性问题，提高资源利用效率。但是私有产权并不一定要求所有权利项均归属为同一人，不同产权束也可以同时归不同的人所有，只要每个人拥有互不重合的权利，多个人对同一资产行使的权利仍是私有产权。需要注意和强调的是：这里的私有指的是该物品的性状和实际用途不受他人影响，而不是它的实际交换价值。举个例子来说，当一种商品权利的履行或交易是属于法律所禁止的行为时，则私有产权就要遭到否定。私有产权类型十分普遍，日常生活消费品基本都属于私有产权类型。第二种类型是共有产权，共有产权依托于一个组织形式行使该产权，组织内有两个或两个以上的产权主体，共有组织的目标是谋取组织成员平均收益的最大化。在实践中，共有产权有两种权利配置方式：一种是按份共有，另一种是共同共有。按份共有是指产权主体按照自己所拥有的份额大小享有对财产一定比例的权利并承担相应的义务和责任。共同共有是指所有产权主体对全部财

第2章 我国农地产权的多元主体和权利冲突

产权利享受同等大小的权利份额,并承担相同比例的义务。按份共有和共同共有的区别在于产权主体享有份额的不同,从而其权力的大小以及履行义务和行使权利的方式也不同。比如股份制公司属于按份共有,公司决策的机制就是以多数股权通过的原则,而不是以多数股东人数为通过原则。集体产权属于共同共有,它是由若干个产权主体共同享有产权,与按份共有的一般情形所不同的是,集体产权的决策机构按照民主程序对权利的使用制定规则和约束,而不是按照等级划分的。一般来说,集体产权由投票表决程序选出的"委员会"通过民主投票进行决策,我国的农村土地制度就属于集体产权类型。按份共有和集体产权都排斥共同体以外的其他成员对权利的干扰。第三种类型是国有产权,国家按照可接受的政治程序决定权利的使用,国家产权一般也由全体国民选择的代理人行使,代理人必须受政府授权委托,任何个人和组织在没有委托授权的情况下都不能行使国有产权,当集体的范围扩大到全国成员时,就成为国有产权。第四种类型是公有产权,属于公有产权的权利不具备任何排他性,每个人都享有其带来的好处,却可以不支付任何成本,额外增加一个人享受产权收益时也不会对他人造成影响。空气、阳光、国防物品、烟花等公共品都属于公有产权类型。

产权经济学家通常认为只有私有产权才是最有效率的,任何其他类型的产权安排都会导致一定的租金消散。一旦私有产权受武力威胁或通过管制而被削弱,为了减少租金消散,人们就会利用各种其他的权力争相使用该项资产,这会把该资产的租金价值降为零,这就是张五常的租金耗散理论。科斯(Coase, 1960)十分强调产权界定的重要性,他指出,没有权利的初始界定,就不存在权利的转让和重新组合的市场交易。产权的交易需要一定的成本,也就是存在交易费用,而交易成本的大小与产权的明晰程度、交易规模、交易频率、市场的完善程度等有关。一般地，产权界定越不清晰、交易规模越大、交易频率越高、市场越不完善，交易成本也就越大。巴泽尔（1974）十分推崇私有产权下的完全竞争市场的价格机制，并指出市场价格机制是唯一已知的几乎不导致或完全不导致租金消散的标准。如果市场价格由于实行价格管制或私有产权被弱化而被取消，另一种或另一些标准就将取而代之，摊分该资产的价值，这会把其租金净值降低。

对于没有界定或者没有清晰界定的情况而言，产权具有减少不确定性、降低租金耗散的功能，设置清晰的产权主体和属性就会使人们的行为和经济交往的集合更加确定。没有产权或者没有清晰界定的产权就意味着各种相关利益主体之间的关系不明晰，产权没有限度，也就意味着谁都可以拥有产权，这必然造成相关主体攫取资产收益的行为混乱和租金耗散。在完全竞争条件下，国有抑或私有企业的效率是没有任何差异的，斯蒂格利茨、哈特、青木昌彦等的研究证明，当引入市场竞争程度和信息不完全之后，私有产权并不总是等价于经济效率。产权结构如何配置，选择何种类型的产权制度首先是由资产的属性决定的。一般而言，资产属性容易被分割，并且分割后不会影响资产的价值，应实行私有产权；如果资产属性不能分割，或分割后其价值受到损伤，则采用共有产权或公有产权更有效率。因此，采用何种产权的标准是最有效率地实现资源的价值，而不是私有或共有。物品的特性即共有属性和私有属性的规模、程度不同，其产权的界定成本和排他性成本也就不同，从而决定着不同的产权制度安排。而当形成一定的初始产权制度安排以后，人们可以根据契约的不完全性、规模经济的程度以及市场结构选择各种不同的经济组织形式。因此，产权的性质是由物品的特性[①]决定的，由于存

---

① 这里物品的特性包括物品的公共属性、界定产权的成本、实施产权的难易程度等。

第2章 我国农地产权的多元主体和权利冲突

在正的交易成本,某一物品的产权性质往往既包含私人属性又包含公共属性,而产权的具体实施效果则是由利益相关的产权主体的选择性行为及其组织性能决定的。如果产权制度体系中国家行政权力所占的比重较大,经济实体的选择性行为集合就会较小,则交易费用就比较高,资产的租金缺口扩大,导致寻租行为猖獗,制度效率极低。有效率的产权制度既要保证产权交易和流转的合理运行,同时又要对主体的行为具有长期稳定的持续性的约束作用,避免由制度的不确定性引发的寻租行为。归根到底,产权在稳定人与人之间的财产归属关系方面有着举足轻重的功能和作用,它使得产权的动态交换关系更加井然有序,而只有市场竞争和合理的权力配置才能形成主体追逐正当经济利益的外部环境压力和内在驱动力,也才是提高经济效率的核心和关键。正如科勒德克对波兰和东欧私有化研究分析所指出的,经济增长的关键,不在于私有化的速度,而在于是否采取了竞争性政策及法人治理结构。①

总体来说,要充分发挥产权的制度功能,降低交易成本,产权结构安排必须具备以下几个方面的属性:

第一,产权运行的排他性或专有性。即产权主体能够独立自主运用产权,排斥了任何其他主体对同一资产行使相同的权利,也排除了其他相关利益主体的干扰。这里的排他并不是指所有的产权权利项都归同一主体所有,而是说特定主体拥有的特定权利项及其权利的强度必须是排他的,只有确保了权利的排他性才能将收益和成本有效地"内部化",保障相关决策的独立性,减少摩擦成本,也才能对产权拥有者形成有效的激励和约束。排他性并不排除不同的权利项同时归不同的人所拥有。

第二,产权主体的实体性。产权主体是一群稳定的、确定的主体,

---

① 科勒德克.从休克到治疗:后社会主义转轨的政治经济 [M].上海:远东出版社,2000.

具有按照国家授权和委托进行独立核算、自主经营的权利和义务，他不会随客观环境的改变而随意更换。产权的界定是市场交换的前提，如果产权主体权利界定不清楚，交易主体也就无法准确确定，市场交易也就很难顺利完成。

第三，产权结构与相关主体权力的平衡性。如果失去平衡，会导致相关产权主体没有动力和能力在产权制度安排之外寻求其他的行为选择方式，或者即使某一主体寻求到一种体制外的寻利方式，其他主体对利益的追逐意愿也会迫使其回归到体制内原有的行为方式。主体权力的平衡保障了产权结构的稳定性，使产权结构不至于因强权而遭到侵害和干扰。

第四，产权价值形式的流动性和可转让性。产权各权利项可以在不同的产权主体之间进行整合流动，并在流动过程中重新组合，优化资源配置。产权的排他性是可转让性的前提条件。

第五，产权稳定性及可持续性。由于人类社会经济活动具有复杂的特性，因此产权主体的活动总是充满不确定性，这就给人们的合理预期增加了困难。产权就具有稳定预期、规范和约束主体行为的功能和属性，随意变更利益关系和交易规则的产权不是有效的产权制度。只有确保了财产权利的稳定性，排除了他人的侵占、盗窃等行为，人们才可能普遍地谋划长期投资和经济发展活动。

从根本上说，以上几条属性包含了产权结构配置效率的两个基本条件：一是产权主体的行为能够得到合理有效的激励和约束；二是产权各权利项可以流动并重新组合配置到更有效率的生产方式中去。这两个基本条件也充分体现了我国对完善基本经济制度的内在要求，即建立"归属清晰、权责明确、保护严格、流转顺畅的现代企业制度"。反之，一旦出现产权主体的权利受到其他行为主体的干预、产权束中的权利项被不同程度地删除和侵害、主体的合理权利得不到实施，就会出现产权残缺、

第 2 章 我国农地产权的多元主体和权利冲突

产权弱化和虚化、产权缺位等产权制度缺陷。

2.2.3 产权残缺、产权弱化和虚化、产权缺位

2.2.3.1 产权残缺

最早提出产权残缺概念的是阿尔钦和卡塞尔（1962），他们在研究政府管制时较早地提出了产权残缺的问题，并探究了产权残缺与主体行为之间的关系。他们认为一项完整的产权应当包括使用权、收益权、处分权、转让权，在没有得到产权主体许可之前对私有财产使用就构成了"侵权"。平乔维奇将产权残缺理解为对产权的"法律限制"。[①] 威廉姆森认为，"一个产权的基本内容包括行动团体对资源的使用权与转让权以及收入的享用权。它的权能是否完整，主要从所有者对它具有的排他性和可转让性来衡量，如果权利所有者对其所拥有的权利有排他的使用权、收入的独享权和自由的转让权，就称他所拥有的产权是完整的。如果这些方面的权能受到限制或禁止，就称为产权的残缺"。[②] 德姆塞茨在提出"所有权残缺"（The Truncation of Ownership）这一概念时，指出所有权残缺是"对那些用来确定'完整的'所有制的权利束中的一些私有权利的删除"，[③] 然而，他同时也指出这些被删除的权利正是被安排给了国家，由国家承担的，因此所有权的残缺是国家侵权的一种结果。新制度经济学家在研究政府行为对基本经济层面的作用时，认为政府通常超越自己的行为界限行事，用"看得见的手"去干涉市场这只"看不见的手"。德勒巴克（中文版，2003）也指出，国家介入基本的市场交易时，就可能依靠强制性力量改变个体的产权结构，如掠夺个体的某些权利或者侵害、

[①] [南] 斯韦托扎尔·平乔维奇.产权经济学 [M].北京：经济科学出版社，1999.
[②③] [美] R.科斯，A.阿尔钦，D.诺斯等.财产权利与制度变迁 [M].上海：上海三联书店，1991.

弱化个体的产权。由于界定产权成本高昂，国家在界定产权的过程中往往存在模糊化的倾向，结果制造了一部分"公共领域"，至于这部分公共领域的产权租金到底归谁所有，结果是不确定的。经验显示，哪一方利益群体更能影响国家政权，产权就归哪一方享有，这一点同诺思的观点是一致的。诺思也同样认为产权残缺是由于国家为了自己的利益所致。①国内学者对产权残缺的理解也基本延续了西方新制度经济学的观点和范式，刘守英（2000）认为产权残缺是指"资产拥有者对其中一种权利或是全部权利的享有受到限制或侵蚀"的情况。余艳琴、查俊华（2004）认为产权残缺就是指"完整的产权权利一部分被删除"。②周其仁（1994）指出产权残缺是由于国家意志的存在而导致的非市场交易的结果。周冰（2009）十分精确地总结了产权残缺概念的两个必备的要点：一是产权内涵的权利束的范围是否完整；二是由于国家的行为和法律制度等正式制度的限制而产生的。③

总结分析前人的研究结论我们可以初步了解到，产权残缺问题的出现基于两点：第一，产权残缺是指私有或共有产权的权利束中某一项或几项权利和相关利益的删除，包括权利强度的部分程度和完全程度的删除。第二，导致产权残缺现象的根本因素是国家行为、法律制度等正式制度，正是国家和法律等正式制度的限制和约束才构成对产权所属权利项不同程度的删除。

2.2.3.2 产权弱化和产权虚化

产权弱化和虚化是对产权的实际经济内容与法律规定形式不一致的

---

① D. North. Structure and Change in Economic History (Chap. 3) A Neoclassical Theory of the State [M]. W. W. Noron and Company, 1981.
② 余艳琴, 查俊华. 产权残缺与委托代理失效——联产承包责任制下农地制度困境的分析 [J]. 求索, 2004 (1).
③ 周冰, 付达院. 产权虚化和村委会的行为特征 [J]. 中国社会科学 (内部文稿), 2009 (6).

第2章 我国农地产权的多元主体和权利冲突

理论刻画。由于对产权实际权利的行使和实施总是需要花费成本的,因此,实际经济意义上的产权行使与法律规定的主体权利之间往往存在差异,法律规定的产权并不总是能得到有效的保护和实施,从而导致产权弱化和产权虚化。当社会正式制度界定的产权与事实上的产权强度不符时,产权并不能得到有效的实施,埃格特森称之为产权的弱化。① 关于导致产权弱化和虚化的原因,万举(2007)用产权的三维度理论(内涵维、强度维、时间维)中的强度维来解释集体产权弱化现象,他认为强度维(Intensity)就是指"产权主体拥有的关于产权客体的产权束权能的实际实施能力,这种能力与其获取一定经济利益所付出成本的大小成反比"。② 制度可实施性面临的政治环境、习俗文化、道德伦理等约束条件都会给产权主体权能的实施带来成本,产权强度并没有改变产权权能项的数量,而是通过增加利益获得的成本带来权能的削弱。周冰对产权弱化与产权虚化进行了细致的区分,认为"产权弱化是指法律界定的产权不能受到完全有效的保护,产权的法律形式和经济内容存在着某种程度的脱节;产权虚化是指法律意义上的产权在实际经济生活中有名无实,产权的法律形式和经济内容几乎完全脱节"。周冰还给出了二者区分的界线:产权的强度远离百分之百同时大于零时,称其为产权弱化;当一个产权的强度趋近于零,称为产权虚化。③ 这一概述不仅准确定义了产权弱化和虚化的内涵,而且清楚地对两者的含义进行了划分。产权弱化和虚化都是指对权利强度的削弱,不同之处在于产权经济内容与法律形式脱节的程度不同,二者是量变和质变的关系,产权的法律形式与经济内容的某种程

---

① 埃格特森. 经济行为与制度 [M]. 北京:商务印书馆,2004.
② 万举. 转型经济城市化中的二元土地产权 [D]. 天津:南开大学博士毕业论文,2008.
③ 周冰,付达院. 产权虚化和村委会的行为特征 [J]. 中国社会科学(内部文稿),2009(6).

度的脱节就是产权弱化，完全脱节则是产权虚化。

2.2.3.3　产权缺位

最初人们对产权缺位的理解仅仅局限于产权所有者主体缺乏人格化的执行人，从而造成了集体产权下的财产成了公共品。比如，王磊荣（2008）认为产权缺位是指"名义上有个产权的归属主体，但现实中却找不到或者说难以找到行使主体"，①即名义上有确定的产权主体，但实际上缺乏现实的执行人。王萌（1989）在研究国有企业改革问题时曾指出，国有企业产权虚置是指"国有资产没有人格化的代表，国家被迫用社会管理职能来代替资产所有者职能"。②随着制度研究的深入与现象描述的进一步刻画，人们对产权主体缺位的认识也更加具体和深化。有的学者从法学角度研究农地产权主体问题，主要存在两种观点：一种是"多元主体论"，即农村土地集体所有制的产权主体是多元的，多元主体对利益的争夺以及对相关责任的推诿是产权主体缺位的原因；另一种是"主体缺失论"，即认为我国乡村土地所有权主体是缺失的或者说是虚置的，期望通过物权法的制定来推动农地问题的解决（毛科军，1993；王卫国，1997；叶剑平，2000）。他们所谓的"'产权虚置'、'产权缺位'或'所有权缺位'，主要是指社会主义公有制产权模糊，产权制度只是一种虚构，名义上人人都是所有者，而实际上人人都不是所有者"。唐宗焜强调农民在集体中的权力大小，他指出"'集体'完全受行政控制，集体中的农户对土地没有任何事实上的权力"，③结果就是集体和农户两个主体的双重产权缺位。可见，要正确理解我国集体土地所有制的产权缺位现象不仅要深入分析集体主体本身的有效性，还要广泛关注集体中的个体产

---

① 王磊荣. 财产权主体虚置的探讨——兼论中国、俄罗斯经济改革[J]. 理论界，2008（6）.
② 王萌. 国有企业改革必须从根本上解决产权虚置问题[J]. 当代财经，1989（1）.
③ 唐宗焜. 合作社功能和社会主义市场经济[J]. 经济研究，2007（12）.

第2章 我国农地产权的多元主体和权利冲突

权的执行和实施状况。集体产权缺位与个体产权缺位是相对应而存在的，二者互为因果关系，集体产权缺位的原因是组成集体的个体产权权能被削弱，个体产权缺位的原因是没有一个强有力的集体产权作保障。二者相互作用的机制是个体产权联合成集体产权的组织能力不足，表现为产权联合的整合形式无效率，没有对个体权利的行使形成有效的激励。

在我国现行的农地产权制度下，土地的所有权归农民集体所有，所有权实体并没有量化到具体的个人，农户只是以其"集体成员"的身份获得集体土地的承包经营权。因此在集体内部，土地就具有了公共物品的性质，对农地所有权的行使也相应地具有公共性。我们知道，公共品并不具有排他性，也即任何一个集体成员都不能排除其他集体成员行使土地产权，任何成员也无法排他性地享有保护土地所有权带来的收益，这样一来，就很难保证个体农户的产权不会受到其他成员的侵害。由于在实践操作上很难找到土地产权主体——集体的实体形式，就不能不让我们怀疑：农村土地的集体所有制甚至集体这一主体的提法是不是本身就有某种缺陷？集体所有制真的是有效率的经济制度吗？以行政村集体作为农地产权的主体，农户共同所有的范围明显过大，个体农户的利益与集体利益的分离也就随着集体范围的扩大而逐渐拉大。这时集体就很难代表农民全体的利益，用一种天然存在缺陷的集体作为农地产权的所有者主体，这样的制度本身就是对代理人机会主义行为的纵容。我国农村土地归集体所有，这说明集体内的所有农民都拥有土地的所有权，每个人都是合法的产权主体，集体只是代表全体农民行使权利。在形式上这种制度对产权主体的界定是非常明确的，但是集体一词又是非常不明确的概念，这是因为集体是抽象的，而权利的行使需要具体的个人去实施和执行，这个"个人"是谁？由谁来决定实施和执行产权的人？应该按照什么原则来界定这个"个人"？如果这些问题都是模糊的，那么集体

中国农村土地的制度性质

这个主体也就是模糊的,集体所有制也就是产权界定不清晰的制度,因而必定是缺乏效率的。

有些学者指出,可以用委托代理理论来解决集体所有制内部的激励和监督问题,认为只要对代理人的行为进行有效的监督就可以避免委托代理问题。其实不然,公司治理内部与公有制经济体内部的矛盾是根本不同的。前者的投资者是按照资本份额来决定其在公司所有者内的地位和权利的,而后者的成员仅仅是以相同的身份组成,各成员享有的所有权都是均等的,谁也不能排除别的所有者而声称集体的某一块土地或者某一定比例的土地是自己的,也无法明确集体的多大比例的土地收益是自己的。任何个人对土地产权的保护都不能排除其他人享有这一保护所带来的收益,因而任何个人都不会尽全力维护集体土地产权,结果人人都享有所有权就等于人人都不是所有者,这种产权界定的矛盾完全不同于企业委托代理内部的矛盾。因此,我们认为"集体"作为农村土地的产权主体虽然在法律界定上是可行的,但在具体操作中不但没有可行性,反而造成了产权主体的模糊和混乱,事实上等同于没有产权主体,也就造成了产权主体的缺位。张红宇(1998)并不认为集体所有——家庭经营的承包责任制是一种土地的经营方式或经营手段,而是在生产力比较低下、物质短缺时期的特殊分配形式,它带有沉重的社会福利保障功能,是农民生存和发展的最低屏障。① 在由传统农业向现代工业社会转型的今天,农民对土地的依赖性逐渐减弱,但集体所有制下农民的社区成员权和对土地的周期性调整,使农民既无法进行长期投资,又不愿自动放弃那一份零成本的土地权利,只能维持粗放经营,甚至抛荒、撂荒,这不利于提高农民投资的积极性,降低了土地产出效率。2005 年取消农业税

---

① 张红宇. 中国农村土地产权政策:持续创新[J]. 管理世界, 1998 (6).

第 2 章 我国农地产权的多元主体和权利冲突

后,集体作为农村土地的法律所有者丧失了很大一部分收取地租的权利,集体也就进一步失去了保护耕地的利益动因,从而在面对国家征地和耕地遭到破坏时也就没有动力去维护农地产权及其收益的完整性。

2.2.3.4 三者的关系

产权残缺、产权弱化和产权虚化、产权缺位虽然在概念上存在很大差异,但它们反映的都是相同的问题,都是对产权制度缺陷的描述和刻画,描述的经济现象也存在某种程度的重叠。不同的是,三者对同一问题的分析角度存在差异。产权残缺是从权利束的范围是否完整的角度分析问题;产权缺位是从产权主体本身是否有效的角度分析问题;而产权弱化和虚化强调的则是产权权能强度的大小。产权残缺和产权制度同样属于一种正式的制度安排,是正式制度安排中的产权范围不完整的状态,属于制度本身的缺陷。产权弱化和虚化是由高昂的产权实施成本导致的产权实际经济权利的实施情况与法律正式制度规定不一致的结果。它们不是正式的制度安排,是针对权利的实施强度来讲的,属于机制设计问题。

无论产权结构本身是否存在问题、制度规定与产权的实际状况是否相符,产权的实施最终都是相关主体行为的选择性结果。产权主体在享有行使产权的权利和收益的同时,也必须为其行为结果负责,且该主体所承担的责任必须与享有的权利相对应、匹配。如果产权主体享有的权利超过了其所能承担的后果,就可能导致主体的机会主义行为或风险偏好选择;反之,如果主体承担的义务和责任过大,而享有的权利和收益相对较小,产权主体的收益与投入不成比例,则容易产生外部效应,该主体就不会主动付出努力。也就是说,无论哪一种权利与义务的不匹配都会导致激励机制失灵,造成利益扭曲,导致低效率。权、责、利的对称和统一是约束和激励产权主体行为的关键。

2.3 国家权力与产权

2.3.1 国家权力与产权

产权反映的是由物引起的人与人之间的关系，它不是纯粹的私人之间的交易合约，产权的交易规则最初就是国家界定以及此后一直都受到国家权利的保护和监督的。鉴于国家的强制力，"那些运作政府的人就会利用权力通过牺牲社会其他人的利益为自己谋福利"（诺思，1990），因此国家对私人产权的规定及其可信性承诺对于经济发展来说至关重要。正如弗鲁博顿（2006）所认为的，"没有一个国家理论，产权理论是不完全的"，产权离不开国家所提供的有效性及合法性保护，因此国家就构成产权制度安排一个必不可少的要件（周其仁，2004）。国家与产权的关系一直都是新制度经济学家研究的核心，最具影响力的是诺思的"国家悖论"。诺思认为"国家的存在是经济增长的关键，然而国家又是人为经济衰退的根源"，换言之，国家为私有产权提供市场秩序和保护，而国家有时也会在利益最大化动机驱使下凭借其暴力合法的垄断地位侵害产权，从而向产权服务索取更高的租金，国家在"使统治者及其利益集团利益最大化的所有权结构与降低交易费用和促进经济增长的有效体制之间，存在着持久的冲突"。① 如上所述，一旦国家非保护性地侵入了产权制度

---

① D.North. Structure and Change in Economic History (Chap. 3) [J]. A Neoclassical Theory of the State, 1981: 25.

结构，产权标准也就被弱化，必然被另一种标准代替发挥作用，这另一种标准和作用突出地体现在政府超越自己的行为界限行事，用"看得见的手"去干预市场这只"看不见的手"。

新制度主义者给政府的定位通常是"倾向于错误地配置资源，制定给社会带来损失的法律、产权及规章"。① 除了政府本身的税收最大化行为之外，政府还受压力集团的影响，而且有时是以有利于有关特殊利益集团，甚至损害整个社会利益的方式发挥作用的。奥尔森（2005）认为，特殊集团各种形式的掠夺经常借助政府来完成："一是通过游说活动，以赢得符合特殊利益集团利益的立法和法规；二是通过卡特尔或共谋行为操纵价格和工资"。② 政府这样做并不仅仅是为了某个压力集团的利益，更不是为大众谋福利，而是赤裸裸的利己主义。巴泽尔（2006）也坚信统治者绝不是仁善的，"统治者利用自己的权力来使自己得到改善……统治者通过剥夺臣民的财产来增加收入"。③ 至于政府在经济体制中的行为方式，德勒巴克（2003）则从法经济学的角度指出了法律规则在市场制度及产权交易中的有限的作用，当政府面临极端的困境时，就会对宪法条款做出有利于利益集团的不同的解释。④

一旦政府介入基本的市场交易，政府就可能依靠强制力量改变个体的产权结构，如掠夺个体的某些权力，或者削弱甚至架空个体的产权。政府价格管制的负面效果就是使得个体的产权被削弱，结果一部分经济租金落入公共领域，就会产生特殊利益主体以各种方式进行的寻租行为，

---

① 卢瑟福. 经济学中的制度——老制度主义与新制度主义 [M].陈建波，郁仲莉译.北京：中国社会科学出版社，1999.
② 奥尔森. 权力与繁荣 [M].苏长和，嵇飞译.上海：世纪出版集团，2005.
③ 巴泽尔. 国家理论 [M].钱勇，曾咏梅译.上海：上海财经大学出版社，2006.
④ 约翰.N.德勒巴克. 美国的可置信承诺：对逃避公债的实体性与结构性制约 [M].引自新制度经济学前沿，张宇燕译.北京：经济科学出版社，2003.

这也是腐败行为产生的根源。张五常（1974）认为，租金耗散仅仅是为了产生一种均衡的结果，是一种浪费，因而违背了帕累托最优条件，是没有任何意义的。张五常还说，"只有在当产权主要界定给私人所有的这样一种制度下，人权才能真正被保护"，①产权的实现程度基本决定了人权的实现程度。私人产权制度无疑是界定产权的最有效的方式，因而也成为张五常所极度推崇的产权制度改革方向，但是他也恰恰忽略了另外一个问题：私人财产制度最终也必然导致物权对人权的支配，导致人类劳动产品的异化，从而使其走向人性的对立面。②

2.3.2 国家权力的制衡机制

限制国家权力的办法不仅仅是私有产权这一种，简单回顾一下国家政权产生的历史演进过程，似乎是有帮助的。诺思（1981，1990）对国家政权的作用持悲观的看法，他认为，人们向来难以逃避"国家铁笼"的束缚，国家机器完全可能违背委托人的意愿并利用他们控制的权力为自己谋求利益，因此国家常常会为了利益而进行无效的产权交易，这取决于统治集团对现有产权交易改变其事前估计与事后执行成本之间的差距。奥尔森（2005）虽然不像诺思那样悲观，但他认为国家会受"共容利益"这"另一只看不见的手"的指引来限制其对权力的使用。对于如何限制政府的权力，奥尔森（1995）认为集体行动机制仅仅发挥有限的作用，随着集体规模的扩展，免费搭车的人数也会迅速增加，最终导致"集体行动的困境"。布坎南和塔洛克（2000）也持相同的观点，当社会成员的人数增加时，达成全体同意的决议的成本迅速上升，以致最后根

---

① 张五常. 关于新制度经济学 [M] //引自经济解释. 易宪容, 张卫东译. 北京: 商务印书馆, 2000.
② 马克思. 一八四四年经济学哲学手稿 [M]. 北京: 人民出版社, 1979.

第2章 我国农地产权的多元主体和权利冲突

本无法达成决议。巴泽尔（2006）赞同类似的看法，他确信，存在某种"集体行动机制抗拒利维坦怪兽的社会秩序，这种机制将把寻租活动降到使社会成员的日常交易显得合算的程度"，①并推动形成现代的法治国。同时巴泽尔也不否认集体行动存在着困境，"权力制衡"原则经常会受到权力赎买的冲击。巴泽尔进一步阐述，现代法治国家的建立在一定程度上能够走出集体行动的困境，前提条件是在法治国家建立之后，各利益集团仍然不放弃对集体行动的控制，因此探讨怎样应付各种冲击以及如何讨价还价以达成权力制衡的结果，也是现代政治经济学必须解决且正在解决的难题。

对于如何在国家租金最大化与节约市场交易费用之间保持权利一致性，西方新制度经济学家进一步用权力制衡机制以及公共治理理论加以分析。哈贝马斯（Habermas，1989）首先探究了17世纪英国和18世纪法国的早期社会结构，并从中抽象出了"市民阶级公共领域"这个概念，他认为西欧社会成功转型的关键是"市民阶级公共领域"协调了私人关系以及私人与国家权力之间的对抗和制衡机制。②麦可·曼恩（Michael Mann，1984）认为国家权力在侵入私人产权的过程中还必须依靠个人之间制度化的协议来执行政治决策，他把这种权力关系定义为"基础结构的权力"，③只有这个基础结构权力才能将各种社会公共资源有效地整合。哈贝马斯和麦可·曼恩的研究告诉我们，国家在界定完社会权力关系之后，还必须与个体、组织、社会保持一种不断讨价还价的制度化过程。权力的倾斜及产权结构的不协调就会带来持续的社会冲突，当新生的产

---

① 巴泽尔. 国家理论 [M]. 钱勇，曾咏梅译. 上海：上海财经大学出版社，2006.
② Hambermas. The Structural Transformation of the Public Sphere [M]. MIT Press, 1989.
③ Michael. Mann. The Tonomous Power of the State: Its Origins, Mechanism, and Results [M]. Archiv Europeennes de Sociologie, 1984 (25).

权主体及其集体行动的力量强大到可以迫使国家在产权制度上做出某种改变时，才可能实现帕累托改进。这就是说，国家的权力并不是无止境的，国家的统治权力来源于社会全体成员的授权，一旦国家权力过度膨胀到经济层面，以致原有产权规则遭到削弱，就会引发争夺财产权益的冲突和混乱，国家界定和保护产权的功能就变得不可信，其统治地位也将受到威胁。各个利益集团的压力以及国家出于维护其统治地位的目的，也注定了国家权力实施的强度和范围不可能无限制地扩大。然而，各个利益集团并不是被动地享受这一国家制衡机制的结果，而是在利益的驱使下主动影响国家意志，使其政策的制定朝着有利于本集团利益的方向前进。

除了上述国家权力制衡机制之外，政府对要素产权关系的界定还必须随时反映各种要素价格的变化。当要素的相对价格变动而政府置之不理，便会产生产权关系界定的滞后问题，结果，产权关系界定的其他途径和方式就会发生作用。正如奥尔斯顿、利贝卡普、缪勒（中文版，2003）的研究所证明的，"各种要素相对价格的变化产生了界定要素产权的要求，但如果国家不能对此及时做出反应，要求界定产权者就可能通过别的方式界定产权（暴力冲突）"，[①] 为了实现经济增长，一个社会的制度应该不断地适应相对价格的变化。在向市场经济体制转型中的中国，由于土地供给的不变性以及市场经济范围的扩大导致土地租金的不断提高，但是土地产权关系并没有得到相应的调整和界定，对土地产权收益的争夺以及相关利益群体攫取土地租金的寻租行为便有增无减，严重损害了作为土地的所有者——农民集体和土地的使用者——农户的利益，

---

① 奥尔斯顿, 利贝卡普, 缪勒. 巴西亚马逊河流域暴力和土地产权制度的变迁 [M] // 引自新制度经济学前沿. 张宇燕译. 北京：经济科学出版社, 2003.

第2章 我国农地产权的多元主体和权利冲突

结果围绕土地的冲突日益增多,虽然没有发展到严重的暴力冲突,但矛盾也日益尖锐。

2.4 我国农地的多元产权主体

在我国,"城市的土地属于国家所有,农村和城市郊区的土地,除由法律规定属于国家所有的以外,属于集体所有;宅基地和自留地、自留山,也属于集体所有"。从法律规定上看,我国土地所有制可以分为两种:城市土地国家所有制和农村土地集体所有制。这是从财产法律关系中解读出来的结论。然而财产所有权本身只是一种法律上的归属符号,属于哲学和社会学的范畴和内容,要从微观上深入分析我国农村土地产权主体的行为权利,就不能简单地从财产法律关系概念化、抽象化的条文入手,而应从财产的实际经济内容和权利关系,从具体的产权实施和权力运行上予以分析和解释,也就是从不同性质的权利组合中了解农地产权制度体系。在现实的经济关系中,我国农村土地产权主体是多元的,并不只存在集体和农户这两个产权主体。国家对农村土地管理权的扩张及其强制性权力的实施使其实际上控制了农地的终极处置权,作为集体产权代理人的村委会由于其身份的多重性构成了其相对独立的产权主体地位和行为特征。而国家、村委会与农民之间的上下级统辖关系使集体和农户的产权失去排他性,产权权能被弱化和虚化。因此,事实上我国农地产权主体是由国家、农民集体、集体经济组织或者村委会以及个体农户四个不同的行为主体组成的多元产权主体结构。

2.4.1 多元产权主体的制度界定

虽然《中华人民共和国宪法》和《中华人民共和国土地管理法》基本条例已经明确农民集体对农村土地的所有者主体身份和个体农户的使用权主体地位，但是其他的条款对土地产权的补充规定充分说明了农地产权主体的多元化。

(1)《中华人民共和国宪法》第十条规定："农村和城市郊区的土地，除由法律规定属于国家所有的以外，属于集体所有……国家为了公共利益的需要，可以依照法律对土地实行征收或者征用并给予补偿。"农民集体享有农村土地的所有权，但并不是所有的农村土地都归集体所有，且集体对农村土地的所有权要受国家公共利益需要的限制。

(2)《中华人民共和国宪法》第九条规定："矿藏、水流、森林、山岭、草原、荒地、滩涂等自然资源，都属于国家所有。"矿产、水源、森林等属于全国性，甚至世界性的资源，出于对国民经济管理的需要，国家对这一系列资源拥有所有权。

(3)《中华人民共和国土地管理法》第十条、《中华人民共和国农村土地承包法》第十二条规定："农民集体所有的土地依法属于村农民集体所有的，由村集体经济组织或者村民委员会经营、管理；已经分别属于村内两个以上农村集体经济组织的农民集体所有的，由村内各农村集体经济组织或者村民小组经营、管理；已经属于乡（镇）农民集体所有的，由乡（镇）农村集体经济组织经营、管理。" 从这一条款可以看出，实际对集体土地进行管理的是集体经济的代理人——集体经济组织或者村民委员会。

(4)《中华人民共和国土地管理法》第十一条规定："农民集体所有的土地依法用于非农业建设的，由县级人民政府登记造册，核发证书，确

第2章 我国农地产权的多元主体和权利冲突

认建设用地使用权。"同时第十八条还规定:"省、自治区、直辖市人民政府编制的土地利用总体规划,应当确保本行政区域内耕地总量不减少。"各级人民政府是国家机关,其行为体现国家意志,因此基层政府对农村土地的管理方式、结果和目的都反映了国家在农村土地上的权利。

(5)《中华人民共和国土地管理法》第十四条规定:"农民集体所有的土地由本集体经济组织的成员承包经营,从事种植业、林业、畜牧业、渔业生产。土地承包经营期限为三十年。发包方和承包方应当订立承包合同,约定双方的权利和义务。"集体经济组织的成员即个体农户依法享有农村土地的承包经营权和使用权。

(6)《中华人民共和国农村土地承包法》第一条规定:"赋予农民长期而有保障的土地使用权,维护农村土地承包当事人的合法权益。"第五条规定:"任何组织和个人不得剥夺和非法限制农村集体经济组织成员承包土地的权利。"农户个体是集体的天然成员,也是直接作用于土地的劳动者,农户对土地的承包使用权决定了农户的产权主体地位及其重要性。

(7)《中华人民共和国村委会组织法》第五条规定:"村民委员会应当尊重集体经济组织依法独立进行经济活动的自主权……保障集体经济组织、承包经营户、联户或者合伙的……权利和利益。村民委员会依照法律规定,管理本村属于农民集体所有的土地和其他财产。"村民委员会作为村民自治组织,同时具有管理农村集体土地和其他财产的职责,但这一职责的实行要尊重集体经济组织的自主权。

(8)《全国土地利用总体规划纲要(2006~2020年)》对"十一五"规划期内的土地利用目标为全国耕地保有量要守住18亿亩的耕地红线。

从以上土地法律制度和管理条例中可以看出,我国农村土地产权制度的主要特征是在国家土地管理条款宏观调控的前提下,农民集体享有农村土地的所有权,农户个体享有根据承包合同规定的土地经营权和使用权，同时集体主体对土地的所有权由村集体经济组织或者村民委员会代为经营和管理。因此在现实的农村土地产权关系中，涉及的土地产权主体有四个：国家、农民集体、集体经济组织或者村民委员会、个体农户。

2.4.2 多元产权主体实际拥有的土地权利

我们知道，产权结构是多维的，而不是单一的，它是一系列权利项的总称，包括财产的所有权、占有权、使用权、支配权、收益权和处置权等，从而多元产权主体基于特定产权客体也就呈现出各种各样的经济权利关系。具体来说，农村土地产权各主体在实际经济关系中的权利主要有以下几个方面：

2.4.2.1 国家拥有的土地权利

虽然国家不是法律规定的农村土地产权主体，但是国家在社会生活的方方面面具有绝对的权威，国家权力在农村经济层面发挥作用时，首先考虑的途径是依靠法律制度的影响和权力的威慑力实现对农村经济的管理。在国家权力单一化的背景下，国家对土地的调控和管理主要有农村土地利用总体规划以及征收征用农村集体土地的相关法律法规。前者是国家对农户土地使用权及其收益的干预，后者则体现了对集体土地处分权的剥夺。依据这两项政策，国家在现行农村土地关系中处于十分重要的地位，国家控制着农村土地的用途，掌握着农村土地转让的终极决定权和处分权，国家对农村土地的控制权利使得农户和集体的使用权和所有权的最终命运由国家掌握。此外，新中国成立以来，在优先发展重工业的战略指导下，我国长期实行工农业产品交换的价格剪刀差政策，保持粮食的低价市场供应以确保城市的低消费、高积累，以此为工业化和城市化的快速发展提供资本积累，这就使国家间接剥夺了一部分农村

第 2 章 我国农地产权的多元主体和权利冲突

土地的收益权。国家在农村土地经济关系中享有和实施的权利充分表明国家在农村土地中的产权主体地位。

2.4.2.2 农民集体拥有的土地产权

农民集体是法律规定的农村土地所有者,它是我国现阶段的一种农村社会组织形式,可以分为乡(镇)、村、村民小组三个层次。由于"农民集体"既非自然人也非法人,因此农民集体无法对农村集体土地及其所拥有的相关土地权利直接行使收益和处分,需要相关代理人代表集体执行产权。所谓集体的所有权只不过是法律上的一种归属定位,农村集体真正享有的土地权利要从对土地使用的不同情况中去分解。

首先,集体作为农村土地的所有权人,可以选择本集体内部土地使用的方式和制度。比如 20 世纪 80 年代,在我国中部地区兴起的两田制、山西吕梁地区率先推出的"四荒"拍卖制度、广东南海土地股份合作制等都是由各地农村集体发起实施的土地使用制度。在不同的土地使用制度和方式下,集体权力的大小及权力实施的方式也会有相应的差别,然而不可否认,由各地区农村集体按照本地经济地理条件选择的土地使用制度一般都能产生良好的效果。

其次,集体拥有把农村土地发包给农户个体和按照人地比例的变化对承包土地进行调整的权力。集体作为农村土地的所有者,拥有将土地发包给农户个体的权力。土地承包后,集体有权力根据人口的变动对土地进行行政性调整或者重新发包,并对农户使用土地状况进行监督。然而,由于各地区选择的土地使用制度不同,集体对土地调整权力的大小也相差甚远。在贵州湄潭改革试验区,"增加人口,不再增地;减少人口,不再减地"(简称"生不增、死不减")的土地制度中,集体没有再调整土地承包的权利。而在广东土地股份合作制经营模式中,农民仅仅是按土地入股,并取得投资经营利润的分红,村集体甚至可以根据土地规模经营的需要将承包地收回并重新发包。当然，村集体对承包地的调整不能是主观、随意的行为，也要考虑土地使用的现实情况以及个体农户的意愿。

最后，作为农村土地的所有者，村集体有权收取一定的土地承包经营费作为集体收益，这一土地承包费通常是以村集体提留的形式收取。

2.4.2.3 集体经济组织或者村民委员会拥有的土地产权

集体经济组织或村民委员会代替农村土地的所有者——农民集体经营和管理集体土地，也就是土地所有权的实际执行主体。人民公社解体后，由于集体经济组织出现"空壳化"的现象，事实上村民委员会的权力也就更大，农村集体财产的控制权和剩余索取权相应地也由村民委员会行使和支配。体现在农村土地的经营管理上，村委会享有"统分结合经营体制"中"统"的权利，对农田水利基础设施以及集体农业的布局，公积金、公益金的确定比例和使用方向等实行统一管理，经营管理集体所有的山林、企业、房产等资产，以所有者代表的身份获取集体收益。在人民公社时期，乡村政府在国家统一调控基础上，对农村集体土地农作物的品种、种植面积和土地经营使用方式拥有完全的控制权。土地承包制开展以来，虽然村民委员会对土地的控制权在法律制度中有所削弱，但村委会通过变更承包关系和干预土地流转协议对农村土地和经济层面的控制力仍然存在，这一权利就为村民委员会及其成员的寻租行为提供了机会。此外，村民委员会作为我国农村基层政权的派出机构，要接受乡级政府的指导并协助其开展工作，因此，村民委员会还具有调节农村社会利益关系、管理社会事务的职能，是一个公共事务管理组织，在农村社会中扮演着多重角色。村委会在农村土地上的权利形成了其独特的行为特征：短期机会主义行为、风险偏好性、农地非农化倾向等。

2.4.2.4 个体农户拥有的土地产权

在这里，我们之所以将个体农户而不是农民称作农地产权主体之一，是因为，农民是与国家、集体相对的概念，它是一种作为职业的、笼统的、抽象的社会主体，属于社会学的概念，不是具体的产权行使主体。实际上，家庭农户才是农业生产和土地使用的基本经营单位，以农户作为土地多元产权主体之一符合我国农村土地经济关系的实际。作为集体成员的个体农户享有法律规定的集体成员身份的所有权、土地承包权和使用权，主要包括在土地上耕种、收获以及合理转让土地使用权的权利。

首先，虽然国家法律中并没有农民成员权和成员所有权的相关规定，但是在土地承包实践中，这种成员权却得到了广泛的认可和实施，只是在多元化的土地使用制度下，农户成员权的表现也有所差异。比如在湄潭模式中，由于增加人口不再增加土地、减少人口不再减少土地的使用原则，农户的成员所有权与土地在一定程度上发生了分离；在广东南海土地股份合作制中，农户的成员权表现为土地股权；在两田制中，农户的成员权则表现为按照人口数量平均分配的口粮田。根据国务院发展研究中心的抽样调查[①]显示，在我国有接近70%的村庄按照人口数量均分土地，当新的合法成员进入或者成员离开集体时，土地承包也要随人口变化进行相应的调整。在农村社会的传统观念里，成员权也得到农民的广泛认可，只是这种不断调整的土地制度所带来的结果是农民土地使用权利的不稳定，导致土地长期投资缺乏。因此，20世纪90年代以来，国家的一系列政策强调延长和稳定农户的土地承包期限，限制土地的频繁调整，个体农户由其成员身份天然获取的一定面积土地承包权也变得更

---

① 国务院发展研究中心."中国农村土地制度课题组".中国农村土地制度的变革[M].北京：北京大学出版社，1993：31-61.

中国农村土地的制度性质

加稳定。

其次,承包农户享有承包土地的使用权。农户可以选择农作物的品种,对土地的经营也享有充分的自主权,然而,农户的使用权仅仅针对其他农户来讲是排他的,农户使用土地的自由并不是完整的,这突出体现在国家对产粮区农作物品种选择的限制上。国家为了保障充足的粮食供给,保留了一部分对农村土地使用的控制权利,限制了农民对土地使用的选择权。

再次,农户个体有权利将土地承包经营权进行合法有偿的转移和让渡。然而,由于承包权是基于成员权得来的,因此农户对土地的转让权通常也只能在集体内部成员之间进行。同时,根据《中华人民共和国农村土地承包法》,土地承包权的转让必须经过发包方的同意,因此农户实际享有的承包地转让权也是一种受限制的产权。

最后,个体农户享有对承包土地的收益权。这一收益权一方面表现在农户通过农产品的种植获得农作物,或者转让土地使用权获得租金等收益;另一方面表现为将土地使用权转移出去获得转让资金,并开展其他性质的经营所带来的土地增值和溢价。收益权是产权主体行使产权最重要的目的,充分且不受侵害的收益权是激发产权主体投资和经营积极性的保证。但是,在我国农村土地产权关系中,农户除了缴纳法定的国家税收之外,还需负担乡(镇)、村两级名目繁多的集资、摊派等,且征收的数额、方式、时间都不确定,使农民的土地收益权得不到充分保护和体现。更为重要的是,当农村土地使用性质由农地转为非农用地时,由于必须经过国家征收,土地的增值收益并没有在个体农户的收益中得到体现,农民获得的仅仅是土地溢价前的农地使用权补偿款,农民的土地收益被严格限定在农业用途上。

第2章 我国农地产权的多元主体和权利冲突

2.5 产权冲突与制度变迁

2.5.1 产权冲突与制度变迁的关系

产权本质上是关于财产的一组权利,它是人们对于财产使用权利的选择。这种选择是通过产权主体对行使产权的"成本—收益"的结果比较之后进行的,而不是法律、政策条例、习俗、伦理道德等"强制实施"的结果。这是因为作为经济意义上的产权,人们对其界定、实施和保护的最根本目的是获取一定的支付和收益。在获取实施产权净收益的过程中,实施产权的成本和收益就构成了产权的一对矛盾,这一产权矛盾反映了人们在与其他产权主体交往过程中必须遵守的行为准则对各主体成本分担和收益分配的一种约定。因此,可以说产权内在成本和收益之间的矛盾会通过制度层面的行为规则而被"外化","成本—收益"的矛盾可以外在表现为外部制度环境约束下主体权利的冲突及对产权收益的争夺。

任何产权的实施都面临一定的外部制度环境。一个社会的法律法规、政策条例、惯例习俗、道德伦理等正式和非正式制度环境都会对产权产生重要的影响,它规定了不同的产权结构,导致不同产权主体地位的差异,从而约束了产权主体的行为选择权利。然而,产权的权利结构并不是单方面被制约的,产权内部"成本—收益"这一对矛盾的存在,决定了为获取最大化的净收益,产权主体就可能有激励冲破既存制度规定的产权结构,重新分割产权收益,从而引发权利碰撞和冲突,并进一步导致制度变迁。可见，产权矛盾、产权冲突与制度变迁之间是相互作用、相互推进的。制度变迁的过程始终伴随着产权冲突，产权冲突的解决同时也促进了制度变迁，制度的演化和变迁本身就意味着产权和交易费用的变化，这种变化包括正向的维度也包括反向的维度。在制度不均衡的情况下，产权的自愿交易就会被强制交易所取代，交易费用增加，交易主体就会倾向于减小交易范围，收缩交易行为的选择集合，产权结构也相对不稳定。在由制度不均衡向制度均衡演变的过程中，产权主体自愿交易的份额增加，双方交易的价格也更加符合财产的实际经济价值，交易费用也随之降低，交易行动和范围也必将扩大，这就更有利于财产的增值和利润的增加。因此，我们在产权改革过程中必须充分考虑制度环境，分析一定制度约束下产权主体权利重叠和冲突的表现及其原因，从而在改革的过程中将产权冲突降到最低限度，扩大产权主体交易的范围，减少租金耗散，实现产权净收益最大化。

20世纪90年代以来，我国的市场经济迅速发展，农业生产的外部环境发生了很大变化。农村剩余劳动力外出打工数量增加，土地流转的需求加剧，有关土地产权流转成本和收益的矛盾非常普遍，产权的内部冲突也比较激烈，给土地制度改革带来很大压力。在我国的农村土地制度改革中，由于土地的某些社会保障功能依然非常重要，产权冲突的解决就不能仅仅局限于产权的一般理论，有关土地产权的制度变迁也不能拘泥于土地公有制还是私有制的讨论和争论，而应该着眼于如何更有效地利用土地、实现土地的最大化净收益和多重功能的整合发挥。

2.5.2 我国农地产权主体之间的权利冲突

在我国传统的社会主义经济理论中，并没有产权的概念和范畴，只是随着近年来改革的深化，产权及其所包含的具体的占有、使用、交易、

第2章 我国农地产权的多元主体和权利冲突

转让、处置等不同权利才逐渐被人们接受。现行的农村土地制度只是在法律框架中规定了土地的所有权归属安排,但实际中对各项权利束的配置十分混乱,产权的同一项权利在不同的制度规定中出现了重复和重合界定的情况,这是我国农村土地产权关系多重矛盾的法律制度根源。正是法律制度规定与现实经济关系的矛盾和偏差导致了多元土地产权主体权利关系的重叠和混乱。

2.5.2.1 农村集体产权与国家权利的重叠和冲突

集体是法律规定的农村土地所有者,但是集体在实践中却难以充分行使完整的土地所有权。根据公共利益的需要,虽然各国都对农村土地权利进行了一定程度的限制,但是这种限制不应成为排斥和剥夺集体土地各项财产权利的理由。在我国,国家产权对集体土地权能的限制已经构成了对集体土地所有权主体地位的威胁。主要表现在农村集体所有权缺乏其核心权能——处分权。处分权是所有权主体享有的最显著的所有权特征,但在我国的农地非农化过程中,一些地方政府部门经常借"公共利益"之名,通过征地制度低价甚至无偿取得集体所有的土地,将国家产权凌驾于集体产权之上,这严重侵犯了农民集体产权主体的所有权和处分权。法律规定的集体所有权主体不仅没有处分集体土地的权利,也无权决定是否被征用、征用的价格和程序等,国家对农村土地权利的控制实质上体现了国家对农村土地的所有权职能。

2.5.2.2 集体产权与个体农户产权之间的矛盾

在家庭联产承包责任制下,个体农户的土地承包权是基于全体农民集体土地所有权基础上的土地产权。由于集体范围内的每一个个体成员都平等地享有土地的承包和使用权利,因此,只要是集体中的一员,都享有一定份额的土地承包权。正所谓"集体是所有个体组成的集体,个体是集体中的个体",没有个体,集体也就无从存在,离开了集体,个体的利益也就失去了保障和依托。然而，集体和个体的利益却并不总是一致的，个体的效用与集体的效用也存在着巨大差别，两者是密不可分的矛盾共同体。

农民集体和个体农户分别拥有农村土地不同的权利，集体拥有土地所有权，出于对全体成员整体利益的考虑，具有随成员数量的变动调整土地承包权的经济职能。农户拥有土地的使用权，同时法律还赋予个体农户在市场中出租、抵押和转让使用权的权利。在集体成员数量没有变动的情况下，农民集体和农户个体的权利关系相对比较稳定，然而，当有新的成员加入或原有成员退出时，人地比例就发生了相应变动，对土地权利的重新配置就面临着选择集体行政性调整的方式还是使用权流转的方式问题，集体与个体以及个体之间的矛盾便日益显现出来。

2.5.2.3 国家权利对个体农户产权的限制

在我国，国家对农村土地拥有征用权和总体规划权，同时对农户获得的土地使用权也进行严格的管理和限制。比如国家通过《基本农田保护条例》在各县级和乡（镇）划定基本农田保护区，划入保护区的农田不得发展林果业和挖塘养鱼，这就限制了部分农户选择土地其他更有价值的用途的权利，这是国家对农户个体土地使用权的约束。在农地转让权方面，虽然我国相关法律允许农户土地使用权依法转让，但也只是"允许农户将无力耕种的土地在经集体同意并不能擅自改变承包合同的前提下自找对象、协商承包"，并且不能改变土地原有的使用用途，农民私自将农地转为非农用地是《中华人民共和国土地管理法》明文禁止的。国家虽然不是农地的使用权主体，但是却对土地的使用实行强有力的管制，有权规定全国土地的使用规则和转让途径及其合法性。

2.5.2.4 村委会"三位一体"身份的确定与权利膨胀

在我国行政制度安排中，村委会并不是正式的一级政府组织，它是

第2章 我国农地产权的多元主体和权利冲突

村民自我管理、自我教育、自我服务的基层群众性自治组织，村委会代理农村集体管理集体土地资产的职能源自《中华人民共和国土地管理法》和《中华人民共和国村民委员会组织法》中"村民委员会经营管理集体资产的职能主要是发包集体土地和以土地等集体资产出资、租赁、联营合伙等投资或经营活动"等相关方面的规定。虽然村民委员会在行政体制和土地权属制度中并没有清晰的法律人格特征，但是村委会具有"三位一体"的职能特征。由于在《中华人民共和国土地管理法》规定的发包土地方面，村委会和集体经济组织是平行、并列、互补的关系，然而集体经济组织事实上的缺位使得这一组织挂靠在村民委员会名下，由村委会主要成员进行管理，实行两种机构、一块牌子，村委会在集体土地管理方面就经常替代集体经济组织，获得了取代大多数农村集体经济组织处置和管理集体资产的权利。然而，村委会与农村集体经济组织在理论上是两个独立的村级组织。集体经济组织单纯以集体平均利润最大化为目标，村委会除了管理集体资产，还具有村民自治、协助上级政府进行行政管理等职能，是农村土地产权主体中职能最多、最复杂的一类主体，村委会"三位一体"的身份决定了由其执行集体土地权利势必造成村委会权力的膨胀。

对财产的保护有赖于清晰界定的产权主体的形成，产权主体通过收益权获得保护产权的补偿，如果产权主体及其权利界定不清，势必会引发主体行动的混乱，从而造成财产收益的外流。完整的产权应该包括所有权、使用权、转让权和收益权，并且每一项权利都是具有排他性的，不受其他主体行为干扰的。相应地，多元化的土地产权主体决定了每一个主体所拥有的产权都不可能包含完整产权的全部内容，为了避免权利的碰撞，减少主体利益摩擦，相关产权主体的权利、责任、利益应当满足对称性和一致性。

第 3 章
国家在农地上的权利

3.1 国家管理权在农地产权中的扩张

3.1.1 国家管理权的实施和运行

国家的经济管理权是国家的合法权力和责任，是通过国家各具体职能部门依法行使的对经济运行体制进行计划、监督、组织、指挥、决策的权力。在行使管理权的过程中，国家是以宏观调控者和服务者的身份介入经济运行层面的，其管理的目的是保护社会公共利益的需求，实现经济的正常运转。国家的经济管理权是现代市场经济条件下弥补市场盲目性、纠正市场失灵的必要补充。

国家管理权是一种积极的主动干预权，它表现为国家通过正式和非正式制度安排和措施对市场经济主体行为施加影响。国家经济管理权行使和实施的方式主要有经济行政合同和经济行政指导。前一种方式是管

中国农村土地的制度性质

理机关与被管理人之间意见一致基础上的管理与被管理协议;后一种方式是在相对人任意、自发行动时经济管理机关提出的建议、指示、劝告等非法律权力行为,以期对对方实施管理。虽然国家拥有管理社会经济的权利,但是如果忽视或排斥市场主体的权利和作用,将市场经济中动态的交易运行过程当作静态的现象对待,不仅不能很好地调控经济运行,反而会危及正常的经济秩序。

3.1.2 国家管理权在农地产权中的延伸

根据 1986 年修订的《中华人民共和国土地管理法》,国家在土地整体规划、土地征收征用、保护耕地、建设用地的管理等具有宏观调控的管理职能。按照法律规定的国家合法的管理权空间,国家拥有对土地资源的利用进行规划、保护和建设审批的管理和控制职能,同时,国家为了公共利益的需要还可以依法征收征用农村集体所有的土地。国家对土地的管理权属于国家的宏观调控,只在经济体制运行之外发挥作用,不在产权基本要素的框架之内。

受传统计划经济体制的影响,我国政府对土地的国家管理权从宏观上制约着其他主体权利的行使,限制了产权的强度和范围,有时国家权力直接介入集体产权,由行政性的权力转化为经济性的权利。国家正式制度对农村土地使用方式、承包方式的界定实际上就是将国家权力对农村土地的干预制度化、合法化了。比如,《中华人民共和国土地管理法》第四条国家实行土地用途管制制度、第五条土地行政主管部门统一负责对土地的管理和监督、第十四条对三十年土地承包期限的规定、第六十三条关于土地使用方式的规定、第四章关于耕地保护的规定以及第五章关于建设用地的审批和征地制度的规定等,都切实体现了国家对土地所有权、使用权、处分权的干预,此时,国家就并不仅仅是作为行政管理者的身份在行动，而成为事实上的农村土地产权主体。由于国家权力对农村土地制度的各种干预和影响，国家、集体和农户之间就土地的所有权、使用权及其他权利形成了利益重叠和交互影响的关系。在这一产权博弈中，国家通过直接的行政控制对非国有资源的配置占有绝对的优势，这部分资源虽然属于农民集体所有，但事实上却成为政府实际支配的资源。这就暗含了国家对土地权利的终极影响能力，多元产权主体结构失去平衡，集体和农户的产权被迫收缩，国家的管理权也就进一步扩大成为经济运行层面的土地产权。

国家作为农地产权主体获得利益和权利的直接途径有两条：第一条途径是通过国家土地利用整体规划影响农村土地的使用用途及农地的市场价值，代表性政策就是以"18亿亩的红线"为标准的保护耕地政策；第二条途径是通过农村土地的征收征用制度，将农村集体土地非农化。此外，国家还通过地方政府上下级关系的行政命令体制对农村经济进行间接的控制和管理。

3.2 国家土地利用规划与农地产权的残缺

3.2.1 国家土地用途管制及土地利用总体规划

一切生产经营活动都离不开土地，随着人类社会经济的发展，土地愈发成为稀缺的资源，国家对土地用途的保护和管制是合理利用土地资源的必然选择。不管是国有土地还是集体土地，农业用地还是非农用地，都要受到国家土地利用规划的管制。《中华人民共和国土地管理法》第四条规定:"国家实行土地用途管制制度……严格限制农用地转为建设用地,控制建设用地总量,对耕地实行特殊保护。"第三十七条规定:"禁止任何单位和个人闲置、荒芜耕地。"土地利用总体规划是对土地用途进行管制的具体实施途径和方案。各级人民政府根据国民经济发展规划、土地供给能力和资源环境保护的要求制定土地利用总体规划,同时根据土地利用规划的要求编制土地实际利用的年度计划、对建设用地的审批实行总量控制,确保耕地保有量不低于上一级土地规划的控制指标。1997~2010年,全国土地利用总体规划纲要制定的目标是2010年耕地总面积保持在19.2亿亩以上,《全国土地利用总体规划纲要(2006~2020年)》将2020年耕地目标规划为18亿亩以上,守住18亿亩耕地红线成为"十一五"经济社会发展中土地利用的首要目标,我国已经在进行最严格的保护耕地的政策。

3.2.2 国家土地管制和利用规划导致的产权残缺

"18亿亩耕地红线"政策的直接结果就是农民只能选择种植国家规定的粮食作物,在粮食生产比较利益相对低下的时候农民也不能退出农业和粮食生产,将土地投入到更有利的经济领域中。这一政策要求否定了粮食产品的商品特征,限制了广大农民对土地使用方向的选择权。产权的基本内容是对资产的使用权,农户作为农村土地产权的承包方,享有《中华人民共和国土地管理法》规定的自主经营和使用土地的权利。出于粮食安全和国家宏观经济利益,"18亿亩耕地红线"保护政策俨然与农民使用土地的自由选择权利发生了权利重叠,粮食主产区的农民失去了农作物品种的选择权利,也失去了退出农产品种植的权利,更不用提土地的非农用途给农民带来的财产收益了。当然,我们的分析并不针对耕地

第3章 国家在农地上的权利

保护政策,也不意味着对国家土地利用规划的评价或否定,单就土地的经济权利来说,这种土地规划本身就对其他土地产权主体权利的行使发生了实际影响作用,使得农户和集体的土地产权是不完整的、不排他的。土地产权的残缺说明,国家事实上在土地上享有一定的经济利益和经济权利,这体现了国家主体在土地上的产权。

美国、加拿大等发达国家虽然地广人稀,但是也将保护农地作为土地管理的重点,不同的是,他们保护农用地的手段不是依靠法律和规章,而是通过税收、设立土地基金等经济手段限制城市扩张占用耕地。与国外相比,我国进行土地管制和实施土地利用规划是通过耕地保护法规条例、划定基本农田保护区等行政手段进行土地管制,行政管理与经济手段调控的最大区别在于被管理主体的行动方式和行动集合的不同。

"确保国家粮食安全"可以看作是一个随着市场需求、粮食生产技术和贸易条件变化而变化的目标,在城市化、工业化进程加速,土地资源越来越稀缺的经济环境中,达到这一粮食安全目标的手段和成本也是不断变化的。单纯依靠"守住18亿亩的耕地面积红线"的政策,将维护粮食安全与确定的耕地面积画等号,从经济利益角度来看并不能灵活反映耕地的真实市场价值和机会成本,也没有恰当地衡量耕地保护给农民土地权利所带来的损失。与此相对应,国家在江河、湖泊、水库的管理和保护范围以及蓄洪、滞洪区内,也严格规定对土地的利用要符合河道、行洪、蓄洪和输水的要求。黄淮下游行蓄洪区、京津周边水源保护区等地都属于这种情况,这同样反映了国家权力对农村土地产权的渗透。国家强制性权力作用于农村土地的结果是市场价格调节机制的失灵和农作物产品价格的扭曲,长期低迷的粮食价格反而阻碍了农民生产和投资的积极性,使土地和劳动的边际产出率保持在较低的水平。

中国农村土地的制度性质

3.2.3 以耕地保护的成本—收益矛盾为例

为了进一步分析国家土地管制在农民土地产权中的作用,本小节对国家耕地保护行为进行成本—收益的经济学分析,并在此基础上揭示耕地保护制度下的产权冲突与矛盾。

耕地保护是一个典型意义上的具有外部性特征的经济现象,耕地保护事关国民经济发展的大局。在耕地保护制度中,由被管制地区和粮食主产区的农户承担保护耕地的大部分成本,保护耕地的收益却由全体国民均等且共同地分享。部分农户承担的成本大于其获取的收益,农民在耕地保护关系中的成本与收益的不一致导致农民缺乏耕地保护行动的激励,耕地保护显然具有正外部性。

假定保护耕地的成本为 C,C = C_1 + C_2,其中,C_1 代表承担保护耕地义务的所有农户(数量为 n)面临的成本,这一成本主要来源于保护耕地的成本和土地使用权受限引起的机会成本,C_2 代表国家和地方政府承担的成本,包括制定法规条例、监督政策执行的成本,$C_1 > C_2$。国家在耕地保护中的收益为 R,表现为一定的农产品生产产量及其所形成的粮食安全和社会稳定效益,假设国家人口总量为 N,则每一个国民成员所享有的耕地保护收益为 R/N。在国家预算和规划的最优耕地保护规模下,有 C ≈ R,也即,

$C_1 + C_2 \approx R$

$$\underbrace{\frac{C_1}{n} + \frac{C_1}{n} + \cdots + \frac{C_1}{n}}_{n\text{个}} + C_2 \approx \underbrace{\frac{R}{N} + \frac{R}{N} + \cdots + \frac{R}{N}}_{N\text{个}}$$

由于 $C_1 \gg C_2$,N 的数量又足够大,有 13.2 亿之多。因此,N > n,显然地,我们可以得出:

$$\frac{C_1}{n} > \frac{R}{N}$$

上式说明单个农户承担的保护耕地的成本要超过其带来的收益,农户在耕地保护制度下的产权净收益是负的。这是国家土地用途管制对农民土地产权收益的间接限制,造成了农民土地的产权残缺,也不利于激励农民保护耕地。因此,要切实保护耕地,保证国家的粮食安全,就必须合理调整农民的成本收益函数,增加对农民保护耕地的补贴。

3.3 国家征地制度中的法律冲突及其对农地转让权的限制

在组成产权的各项权利中,转让权是体现产权完整性的最为重要的组成部分,它确定了产权主体承担资产价值变化的权利。清晰界定的转让权包含着清晰界定的使用权和收益权,然而清晰界定的使用权和收益权却并不一定意味着转让权的自由实现。当经济环境发生了急速变化,产业结构的失衡就会要求潜在的资源进行大规模的转让,如果相应的法律制度不能随着资源价格的变化对资源转让权做出清楚的界定,必然会引起资源转让速度的缓慢和资源配置的低效率。我国快速城市化下的土地征收征用制度就是限制土地转让的一个典型案例。

3.3.1 法律规定之间的权利重叠

现行法律关于农村土地转让权的界定主要有《中华人民共和国农村土

中国农村土地的制度性质

地承包法》和《中华人民共和国土地管理法》，本小节内容主要是通过简要评论这些法律制度之间内在的冲突和矛盾来分析征地制度对农村土地转让权的影响及限制。

第一，《中华人民共和国农村土地承包法》对农村土地转让权的肯定。2002年8月29日，全国人大常务委员会通过的《中华人民共和国农村土地承包法》不仅充分确立了集体土地所有权、农户的土地承包权和使用权，而且宣布保护农户的土地承包经营权的流转和转让。其基本规定如下：

——"国家保护承包方依法、自愿、有偿地进行土地承包经营权流转。"（第十条）

——"通过家庭承包取得的土地承包经营权可以依法采取转包、出租、互换、转让或者其他方式流转。"（第三十二条）

——"土地承包经营权流转的主体是承包方。"（第三十四条）

——"土地承包经营权流转的转包费、租金、转让费等，应当由当事人双方协商确定，流转的收益归承包方所有，任何组织和个人不得擅自截留、扣缴。"（第三十六条）

可以说，《中华人民共和国农村土地承包法》对土地承包经营权的转让进行了充分的保护和肯定。在法定承包期内，农民有权使用和经营土地，并在市场上自由转让土地的承包经营权，其他产权主体无权干预，这就为有效利用农地资源、提高资源配置效率提供了稳定的制度基础。其中，一条重要的限制性条款是将土地承包权的转让限制在"土地的农业用途"范围内，也就是说当涉及农用土地转为非农用地时，《中华人民共和国农村土地承包法》对农户承包权转让的确认和保护就宣布无效。

第二，《中华人民共和国土地管理法》和《中华人民共和国矿产资源法》对农村土地转让权的否定。1998年8月29日修订通过的《中华人民共和国土地管理法》除了在第二条宣布"土地使用权可以依法转让"之外，其他条款均未提及土地转让的原则和方式。该法第六十三条规定，"农民集体所有的土地的使用权不得出让、转让或者出租用于非农业建设"。当涉及农地转非农业建设用地时，《中华人民共和国土地管理法》规定的唯一合法途径就是通过国家征地制度完成土地集体所有制向国有土地的转变。这一制度规定禁止农民集体将土地转让用于非农建设，意味着对农民集体转让权的限制和否定。前后两种法律规定存在着冲突，同时对于哪种法律具有优先权也没有具体的解释和说明，这就给农地产权的行使带来极大的阻碍。

《中华人民共和国矿产资源法》第三条规定："矿产资源属于国家所有，由国务院行使国家对矿产资源的所有权"，"不因其所依附的土地的所有权或者使用权的不同而改变"，也即矿产资源的所有权是独立于土地的所有权的，它不受土地所有权和使用权归属的限制。如果农村土地地下没有发现矿产储藏，也就不会涉及矿权归属的矛盾，但是一旦在农村土地地下发现新的矿产等有价值的资源，矿产资源的权利归属与农村土地集体所有制就会发生土地归属制度规定上的重叠和冲突。因为前者的所有权在国家，后者的所有权在农民集体，当在集体土地上发现矿产资源时，土地的权利归属和边界问题就会提上议程，两种所有权就会面临哪个优先、哪个退后的问题。这一问题的焦点就在于农村集体土地的所有权是否包括其地下所有资源的所有权，或者说，矿产资源的所有权是否依附于其地上土地所有权。如果矿业权优先于土地所有权和使用权，农民的土地权利就会遭到否定和损害，不在法律上解决两种所有权的先后次序关系势必引发矿业权与土地产权之间的权利冲突。产生这种冲突的根源则在于我国复杂的土地产权结构以及土地集体产权面临国家产权的弱势地位。

3.3.2 土地征收征用制度中的两个矛盾

矛盾一：征地与不征地都不合法。

由于农户的承包地转让权严格限制在农业用途范围内，当涉及农业用地转为非农用地的情况下，必须通过征地程序完成农地的国有化，这就意味着我国现有的土地征收征用制度的目的就不仅仅局限于公共利益的需要。这就不禁让人产生怀疑：作为非公共利益性质的农村土地转为非农用地应该采取何种制度渠道才是合法的？如果走国家征地的途径，则违反了宪法中"国家为了公共利益的需要可以对土地实行征收或者征用"的条款；如果不经过征地而直接在农地上进行非农建设，则又违反了《中华人民共和国农村土地承包法》中土地流转"不得改变土地用途"的规定。涉及商业用途的农地转非农用地建设就失去了合法的途径，征地与不征地都不符合法律制度规定，此为征地制度中的矛盾之一。

矛盾二：征地与农地入市的互斥。

我国除了国有土地之外，所有非农集体用地都需要征用，故国家征地不仅仅是为了公共利益的需要，而是为了所有的城市化用地，包括商业用途和私人住宅。除了农村集体和个人为了兴建乡镇企业或者村民住宅外，《中华人民共和国土地管理法》禁止任何单位和个人使用农民集体所有的土地进行建设。当建设单位确实需要使用农村集体所有的土地时，必须经过土地管理主管部门批准，通过国家征用将农村集体所有的土地转化为国家所有的土地，然后通过出让或者行政划拨方式取得国有土地使用权。也就是说我国城市化建设所需土地，都必须经过国家这个中间站才能获得农村集体土地的使用权，用地单位和个人并不直接同农民集体进行交易。如此说来，当确实有公共利益的需要时，国家可以征用农村集体土地，当城市建设单位和个人需要用地时，国家同样可以征用原属于农村集体所有的土地。农村集体土地要进入市场必须先以国家征地的补偿价格转化为国有土地,再由国家以市场价格转批给用地单位,这就使得农地入市的程序和价格都被征地固定化了,农地转非农用地的市场机制被国家征地机制取代了。征地的目的和范围也发生了根本性的变化,非公共利益性质的非农用地走的是和公共利益性质的征地相同的程序,实际上滥用了国家征地权,人为扩大了国家征地的范围。

农村集体土地使用权转让和土地征收征用制度的规定之间存在着无法调和的矛盾。这两种法律规定决定了城市土地面积的扩大,不论是为了公共利益,还是工业发展、商业开发或私人住宅,都只能通过对农村土地的征收征用来实现。而法律给土地征收征用赋予了"公共利益"的虚假名分和强制权力,这就使得农民集体和国家(主要是地方政府)处在一种不能进行谈判的完全不平等的地位上。征收征用是根据土地利用规划和城市土地规划来进行的,规划是由政府单方面说了算,农民不能参与和发言,甚至完全不知情,就被"规划"、"征收"等法律剥夺了权利,此为矛盾二。

法律之间的这种矛盾,一方面给了各级政府剥夺农民土地巨大的操作空间,另一方面就造成了农民集体所有权的残缺、弱化和虚化。国家征地制度中问题的关键并不单纯是农地减少的问题,而是市场交换关系中各相关行为主体的权利地位和行动资格问题,至于土地征收征用的程序和补偿标准等问题都是技术层面的问题,而不是产权制度中的根本性问题。

3.3.3 征地制度中国家与集体、农户的权利冲突

集体作为农村土地的所有者、农民作为农村土地的承包使用者都是合法的土地产权主体。从产权特征角度来讲,农民和集体对土地的权利

应该是排他的，不受其他主体干扰和侵犯的。然而在国家征收征用农村土地的制度设计中，一方面，"所有非农建设都必须使用国有土地"的制度决定了城市土地开发商的用地需求不能由农村集体来提供，国有土地除了原有城市范围之外，城市扩张的来源也只能是征收征用农村土地，农村征地成本与城市"招、拍、挂"之间的土地增值收益则大大刺激了地方政府征地的欲望；另一方面，国家对集体土地的征用间接导致农户的承包经营权、租赁权、流转权等土地其他项权利也随之被征收。对于土地承担社会保障功能较强的贫困地区而言，土地补偿费的确定和分配并没有反映农民失地后的未来"发展权"，农地作为资本和财产的经济价值在国家征地制度面前没有得到应有的承认。国家对土地的征收实际上是对集体土地所有权及其他项权利的征收，它否定了以土地承包经营权和发展权为核心的土地的其他项权利的存在，以对所有权的征收来代替对多层次产权的征收，以对土地原有使用价值的补偿来代替对土地所有权和预期收益的补偿，结果必然导致集体和农户土地产权的残缺。

为了从宏观上更好地调控或者控制农村经济，国家并没有交给农民集体一个完全的土地产权。换句话说，国家往往通过干预农业经济的产业结构和经营计划来行使对农村土地的管理和控制，在城市化进程中，当国有土地供应不足时，国家甚至会通过征收、征用农村土地作为城市的储备用地，来弥补城市化用地的不足，减少城市化用地的成本。因此，国家并没有交给集体一个完整的土地产权，而是保留了特殊情况下的一部分处置权，此时，国家并不仅仅是作为管理者的角色，而是真实的土地产权主体，这也就意味着弱化了土地产权的市场化交易形态，是我们所理解的社会主义体制中逆市场倾向的表现之一。国家管理权在农村土地产权中的渗透，使得集体的所有权和农户的承包经营权在国家产权主体面前被大大地打了折扣。相应地，多元化的土地产权主体决定了每一

第3章 国家在农地上的权利

个主体所面临的产权都是不完整的。在土地产权的交易市场中，每一个主体唯一关注的就是交易中自身利益最大化的土地租金，结果，产权主体多元化和不完整的产权使得对土地租金的争夺演变成了一种依靠权力、地位、金钱手段的"个性特征的竞争"，相关的土地合约结构就是各方土地产权主体在国家权力参与约束下互相博弈的均衡结果。这个结果是多元产权主体通过影响国家意志的手段达成的，而不是市场需求的真实反映，因而也很难形成一个反映土地产权真实价值的市场价格。

目前我国的农村土地征收征用政策是一种扭曲的非市场机制的暗箱操作，集体的土地所有权通过这种非市场的手段被转移到城市。正如陈国富（2006）从法经济学角度所阐述的那样，[①] 由于国家分别在土地一级交易市场和二级交易市场中处于垄断买方和垄断卖方的地位，以致财产规则、责任规则、不可转让规则难以从实际上保证土地所有者和使用者的基本权利不受侵害，国家以及地方基层政府在土地交易市场中成了实际上的受益者，农民仅仅得到很少的补偿。诚然，国家权力在农村社会财产关系中是有着重要作用的：一方面，国家界定了农村社会的基本财产制度，并通过政权的巩固和提供安全保护保障农村集体的利益；另一方面，农村直接为国家提供税收和财政来源，并为国家提供政治上的支持和拥护。从理论上讲，国家、农村集体与用地需求方的关系应该如图3.1所示，但实际上，为了充分加强对土地使用用途的管理，国家《中华人民共和国宪法》和《中华人民共和国土地管理法》对农村集体土地转为非农用地的管理更加严格，严令个人、单位和组织私下交易土地，只能通过国家征地的途径用地，结果导致国家、集体和用地单位之间的关系发生实质性转变，如图3.2所示。

---

① 陈国富.制度分割、产权残缺与农民利益 [R]. 2007年度中国法经济学论坛.

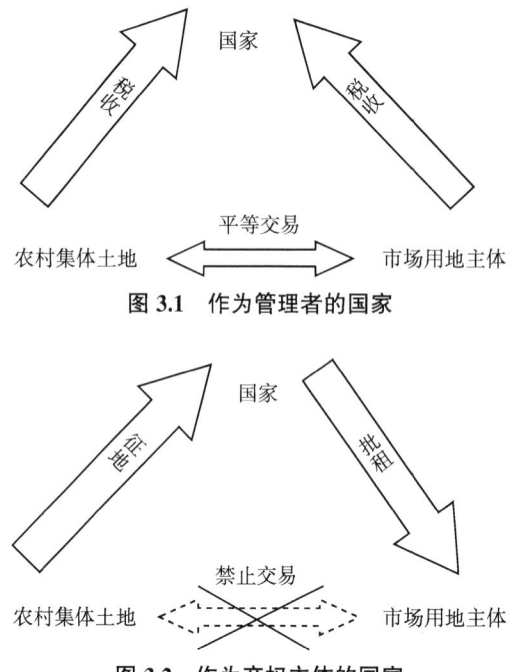

图 3.1 作为管理者的国家

图 3.2 作为产权主体的国家

在国家征收征用农村土地制度的过程中,作为所有者主体的农民集体,面对国家的强势管理权,最初就完全失去了对土地是否转让的权利。集体所享有的土地转让权仅仅是局限于集体内部或者集体与集体之间的转让,当涉及集体农用地向城市国有土地转变时就必须遵循国家法律,维护国家对用地的宏观经济管理政策。伴随着国有政府产权对集体土地转让权的干预和渗透,相关的土地增值收益也被多元农地产权主体分割。2002年,我国国有土地使用权有偿出让的土地价格平均为35.67万元/亩,2004年为43.2万元/亩,而对征地农民的补偿只有1.5~4.5万元/亩,在国有建设用地使用权价格和集体所有农地的补偿价格之间存在着巨大的差价。上面所探讨的征地制度对集体产权和农户产权的侵害仅仅是产权残缺的一种非常普遍的现象,产权残缺同时还表现为其他的形式。比如通过控制农村集体产权代理人过度干预农村土地的使用权;

过度强调对集体耕地、林地用途的管制制度；通过夸大对集体土地最高处分权的权利效力限制农民权利的行使等。众所周知，国家在宏观指导意义上的管制制度是合理的行为，但是，如果这种行为没有"度"或者仅仅依据国家意志的改变而随意变更，农民的土地产权就随时面临被征收的风险，这不利于经济主体形成稳定的预期，因而影响农业经济长期投资的绩效。

3.3.4 国家征地制度的本质和目的

通过对我国土地制度特点的分析可以看出，我国的农地征用制度是一个城市主宰农村的制度，是一个由农民承担征地代价并对征地收益的分享不对称的制度，是一个依靠行政手段快速积累财富的、扭曲的、残缺的制度。国家设立这种土地制度的根本目的，是为廉价地从农民手里获取经济建设、工业化和城市化所需的土地资源。然而，由于征地过程中国家垄断了土地一级市场和二级市场，既是一级土地市场上的垄断买方，又是二级土地市场上的垄断卖方，这种通过行政命令强制性地压低农村集体土地价格、人为降低城市化用地成本的制度，在短期内有利于加速我国的城市化进程，但长期结果是国家垄断、掌握了城市化进程。由于农民的土地权益被过度剥夺，延缓了为城市化买单的失地农民自身城市化的进程，最终将阻碍城市化的发展。这是因为国家强制征地的行政行为使得城市化的进程变成了受国家、政府人为控制的过程，这就打击了农村和农民发展的积极性。农民在国家垄断的行为中利益损失相当严重，广大的农民群众丧失了转变为市民的财富积累，也就不能积极主动地进行城市化。因此，我国农村土地集体所有制的本质，就像周其仁（1995，2002）所说的，是国家控制农村经济的一种形式，是由国家实行

中国农村土地的制度性质

控制但却由农民来承担控制的成本的一套制度安排。①② 国家垄断城市化最终必然会阻碍我国的城市化进程。

3.4 基于地方政府的间接控制

我国政府对基层经济层面管理的意志和目标一般是通过地方政府层层下达的。1985年开始进行财政分权后,农村税费是基层乡镇政府的主要合法财政收入来源,乡镇政府为了最大化其财政收入利用各种途径控制村委会,进而控制整个农村经济资源,增加了地方基层政府的可支配资源和操作的自由度,导致中央政府财政分权与基层政府财政集权③之间的嬗变。在实际运作中,乡镇政府的行为实际上就映射出国家权力通过"压力型控制+赢利型诱导"双重手段实现对农村土地的间接控制。

所谓"压力型控制"是指国家权力按照政府行政级别的大小,通过"中央政府→省级政府→地区政府→乡镇政府"上下级政府组织的行政命令和管理逐步实现对农村经济和社会事务的控制。上级政府向下级政府层层分解下达中央政府的各项指标任务,并按照指标任务的完成状况评价各级政府的工作绩效,同时给予政治和经济上的奖励或惩罚,并记入各工作人员的人事关系档案,以作为今后提升或降职的参照资料。而乡

---

① 周其仁. 中国农村改革:国家和所有权关系的变化(上、下)[J]. 管理世界,1995(3-4).
② 周其仁. 产权与制度变迁:中国改革的经验研究[M]. 北京:社会科学文献出版社,2002.
③ 这里的基层政府集权是指在中央政府财政分权后,基层政府集地方财政之权,试图控制本地区各部门的财政收支,而不是集一切决策权。

镇政府则通过各村党支部直接指挥村一级组织，作为村领导核心的村支部书记必须服从乡镇党委的领导，乡镇政府就是通过村党委对村民委员会的指挥和领导向农村下达各种经济指标和任务，实现对农村经济各项事物的领导和控制。虽然村一级党支部工作人员属于没有备案的行政级别，但是通过党领导政治的基层两委班子的组建，巧妙地把村干部纳入到地方政府的科层控制链条中，通过村党委对村民自治的领导削弱了村民自治的自主权。

所谓"盈利型诱导"指的是国家财政分权后，侧面激励乡镇政府和村干部调动农村集体资源搞乡镇集体企业，实行社区集体企业自负盈亏，自主生产，以此将农民及其土地等生产资料集中起来进行企业化管理和生产。应该说，财政分权在农村社区产业化生产和建设中的初衷是好的，但是国家忽视了企业资产管理理论中的内部人控制问题在农村经济中的危害。在农村集体企业中，集体企业的管理者通常由村干部代为兼任，这就可能产生两方面的问题：其一，村干部不具有企业家管理才能和业务素质；其二，以政管企的乡镇企业治理模式不仅会导致企业管理者出于政绩评价的考虑盲目加大投资、扩大生产规模，而且会诱导企业管理者利用不对称的生产信息谋取私利，导致集体资产流失和缩水。

国家就是通过以上的途径按照"乡镇政府→村党委→村社区"这一渠道将权力深入到农村经济和社会生活中。在农村土地使用上实行自上而下的集权式管理，并通过基层政府机构"政经合一"模式形成对集体土地的层级控制。更为重要和关键的问题是，在国家控制农村集体经济的过程中，国家通过层层下放的任务、指标干预和支配集体经济经营决策和管理，但对其干预和控制行为的后果国家并不担负直接的财务责任，结果造成集体内成员普遍的相对贫穷。从这个意义上来说，农村土地集体所有制不是个体产权的合作，因为它的成立不是农民自愿联合签约的产物，它更不同于全民所有制，因为国家是以财政担保全民所有制的就业、工资和福利，而对于因国家行政管制导致的集体负债和亏损，国家并不负任何管理失误的后果，结果只能是每一个农户成员共同分担集体债务和危机。

第4章
作为农村土地所有权主体的农民集体

我国的农民集体所有权,是一定范围内全体农民集体成员共同享有的所有权,而不是单纯的农村集体经济组织所有权,它是把农民个体利益与集体利益有机结合的所有权。对集体所有财产的占有、处分、使用和收益等权利的行使需要由全体成员按照"平等自愿、协商一致"的原则,通过一定的组织形式得以贯彻。深入理解农民集体的类型、范围、产生和发展的历史,对于我们科学认识农村土地所有权的性质、消除对集体土地所有权问题的固有偏见,具有现实指导意义。

"农民集体"产权与国家产权在法律地位上是平等的关系。集体不是国家机关,不行使国家权力,不履行国家职能,对个体农户也不是领导者和管理者的身份。虽然《中华人民共和国宪法》和《中华人民共和国土地管理法》中多次提及农民集体是农村土地的所有者,但是《中华人民共和国》并没有明确认定集体的民事主体地位。因此,有的学者提出,"农民集体"既不是自然人,也不是法人,它不具有集体土地所有权人的资格。本章内容就从农民集体产生的历史沿革及其在现实经济中的存在地位和作用来探讨农村土地产权关系中的集体权利。

4.1 现实经济中的集体:范围和类型

4.1.1 农民集体的概念

虽然我国法律规定农村土地属于农民集体所有,"农民集体"这一名词在我国法律文件中出现的频率也非常高,但是无论《中华人民共和国宪法》和《中华人民共和国土地管理法》都找不到对集体的概念、范畴、形式等的明确界定,而只是规定集体所有的土地由村集体经济组织或者村民委员会经营、管理。《现代汉语词典》(2002年版)对集体的解释是:"许多人的有组织的整体。"1994年国家土地管理局在答复农村集体土地确权的问题时指出:"农民集体是指乡农民集体、村农民集体和村内两个以上农业集体经济组织,包括由原基本核算单位的生产队延续下来的经济组织。"这一答复的解释虽然明确了各级集体经济组织属于农民集体的类型,但还是没有很好地解释集体的概念、内涵和外延问题。由于理论上对"集体"一直没有形成明确的定义性,现行法律也经常使用"集体经济组织"作为集体的代名词,甚至前后之间对集体的表述也不一致,致使人们对"农民集体"概念的理解模糊不清,集体成员的数量和范畴也时大时小。然而,法律对集体表述和界定上的模糊并不意味着集体是虚拟的、不存在的。我国的"农民集体"是个体农户依附于一定区域范围内的土地而形成的相对稳定的成员团体,它不是个体农户的简单相加,而是代表全体农民成员意志的利益共同体。

4.1.2 农民集体的范围

既然集体是由个体农户组成的,那么现实中集体的范围和边界也即集体成员的范围和边界。如果集体的成员界定不清,成员权确定的标准不一致,那么集体的范围也就是模糊的。杨一介(2008)认为,目前决定村民是否享有集体成员权的衡量指标是户籍制度,这完全是以计划经济时代行政管理的要求确定农村集体成员及利益的分配。① 目前很多地区都逐渐取消了农业与非农业户口的划分,实行城乡统一的户籍管理制度,这一确定集体成员的标准也将失去意义。也有学者指出,农民集体成员的确定应以土地承包经营权为前提,因为集体管理的主要资产就是集体所有的土地。但是,土地承包权又是以集体成员的身份为前提才获得的,因此这种观点实际上是一种循环论证。特别是个体农户对土地的承包经营权也是不断调整的,如果出现人口的出生和死亡、婚嫁、升学和向城市的迁居等现象,对土地承包经营权就需要不断进行调整,以确保对农民生存的社会性保障,结果对土地承包经营权主体的调整也必然导致集体成员范围和数量的不断扩大或缩小。

按照国家土地管理局对集体土地确权的答复,农民集体具体可以存在乡一级、村一级以及村内一级农村集体经济组织三种类型。乡(镇)、行政村以及村内各级集体经济组织的范围是各不相同的,从行政管理地位上来说,行政村隶属于乡(镇)管理,生产大队和生产小组都隶属于行政村管理,将具有上下级关系的三类集体经济组织同时作为农民集体的代言人,注定了下级集体不可能独立自主地进行经营决策,必然要受到上级主管部门的行政权力干扰。另外,"三级所有"的集体所有权主体

---

① 杨一介.农村地权制度中的农民集体成员权[J].云南大学学报法学版,2008(5).

并不明确,具体表现在:第一,很多乡镇没有集体经济组织,能够代表集体行使所有权的主体和代表也就十分模糊;第二,村民小组只是若干农户松散的联合体,它们没有法律地位,也没有经济核算形式和办公地点,村民小组的土地所有权如何行使也存在问题。"三级"土地所有权主体中的"两级"都面临缺位或虚构的问题,结果仅仅具有代理管理权限的村集体经济组织或村民委员会往往以所有者的名义享有土地产权。

鉴于以上法律对集体主体规定的缺陷以及农村劳动力转移和土地流转的加速,笔者认为对集体范围的具体认定不应以户籍或人口为衡量标准,因为这些衡量标准无论在目前还是未来都是在频繁变动的,将农民集体界定为三级农村集体经济组织也往往出现上下级组织之间的包含、管理和控制性的干扰。目前最合理的界定应是村内一级集体经济组织,赋予这一组织应具有法人地位,缩小了集体的范围,界定了集体的边界,使集体这一主体更加明晰化。县、乡(镇)、行政村对村内集体经济组织只享有行政管理职责,而不干涉组织的具体经营管理。此外,村内一级集体经济组织的范围和规模也不是固定不变的,组织的目标就是要通过经营管理全体成员的土地等资产来实现成员收益的最大化,围绕这一平均收益最大化的共同目标,组织的经营方式、经营规模、产业结构也需要按照组织面临的内外部环境进行适当调整。因此,我国农村集体经济组织和集体的范围并不具有复制性,也不是一成不变的,各地区可根据本地经济发展水平和集体经济发展阶段来确定村内集体经济组织的范围及规模。

4.1.3 农民集体的类型和形式

农民集体的形式是指我国集体内部产权权能在不同主体之间分割和配置的规则和模式,它充分代表着集体权利的不同实现方式。我国农业

第4章 作为农村土地所有权主体的农民集体

进入新的发展阶段后,党的十七大明确提出,要积极"探索农村集体经济的有效实现形式",以实现农业产业化经营和发展目标。显然,在国家确定了农村土地的基本制度框架之后,制度的外生变量严重影响着次级制度安排变迁方式的选择。在这个过程中,各地地方政府、农村社区集体和农户在充分考虑地区发展环境、区域经济特征、制度变迁的成本和收益之后,积极探索了适合本地区经济发展要求的集体经济形式和使用制度,合理安排土地、劳动力、资本和技术等生产要素,并取得了一定成效。典型的集体经济形式包括以下几种:

4.1.3.1 "大稳定、小调整"模式

"大稳定、小调整"模式是指"在土地承包期内人地矛盾突出时,在稳定绝大多数农户承包田不变的基础上,对个别农户的承包田依法进行调整"。① 这是目前最普遍的一种集体经济模式,被广大中等发达地区所采用。坚持土地承包"大稳定、小调整"要求总体上必须保持稳定,同时允许局部地方、少数人在一定条件和范围内按照确定的原则进行小规模调整,由婚丧嫁娶、学生就业等正常原因引起的个别家庭成员的变动造成的人地比例变化,原则上不再进行调整。"大稳定、小调整"的集体土地利用和管理模式有利于农村的安定,保证了大部分农地合约的稳定预期,体现了社区集体的经济管理职能,同时一定程度上缓解了人地矛盾,有利于维护农户之间的利益均衡。

4.1.3.2 农民专业合作组织

农民专业合作组织是改革开放以后,为了适应农业生产的专业化、市场化需求逐步发展起来的。它是由分散经营的单个农户在自愿基础上联合起来共同投资形成的经济实体,以分散土地产权的规模化联合经营

---

① 张巧当.农村土地承包"大稳定、小调整"原则及其运用[J].前进,2000(5).

为前提，以产销一体化服务为手段，以"农村专业合作组织+龙头企业+基地+农户"为经营模式，致力于农村特色农业的发展和农民的增收。从组织的产业分布角度来看，这一模式主要适用于农村蔬菜、水果、药材、水产养殖等特色农产品，而不适用于粮食作物的生产。从组织的功能来说，专业合作社在不动摇农民的家庭承包经营地位的基础上开展劳动合作、技术合作、营销合作等多种形式的联合，目的是通过解决单个农户生产中的障碍实现农业的产业化进程与小生产和大市场的结合。

4.1.3.3 土地股份合作制

土地股份合作制是指农民获得土地承包权后把土地经营权委托给股份合作公司进行经营管理，农民的土地承包权转化为长期股权并依照股权从土地经营收益中获得土地分红。股份合作公司就是集体土地所有权的法人代表，该公司将集体土地和固定资产量化折股，分为集体股和农民个人股。农民按照个体股份分红，集体股体现集体的权利和收益，并对新增人口实行配售股，将集体所有与股份制充分融为一体。股份合作制保留了集体土地所有制和家庭经营的内核，不是对家庭联产承包责任制的否定，而是通过将实物占有形态的集体土地所有权和农户土地承包权转化为价值占有形态的股权。权利的大小通过股权的分配表现出来，既实现了集体所有权，又保证了农户个体产权的稳定性不会因人口变动而产生土地分配的剧烈调整。这一模式有利于推进土地的规模利用，实现土地与资本、技术的结合，使农民分享到土地的增值收益。股份合作制最早起源于经济比较发达的广东省南海地区，目前这一模式也已经出现在北京、浙江、辽宁、四川等地区。但是，其对非农化程度（农民能够寻求到非农就业机会并愿意离开土地）和集体经济实力（保证股份制企业的盈利和农民的分红）的苛刻经济条件，使得这一制度模式很难在其他地区被复制和移植。

4.1.3.4 "生不增、死不减"模式

"增人不增地、减人不减地"模式(简称"生不增、死不减")即在土地的承包期内,农户人口的增加不再增加承包地,减少人口也不再收回承包地,这一制度的目的是稳定农民的土地承包权,减少土地调整带来的交易成本。贵州湄潭县境内地势海拔较高,山丘密布,地面坡度比较大,土地的调整必然涉及很高的成本和精力。除 1984 年进行过一次土地调整外,贵州省至今没有再进行过土地调整(即使小组内的小调整也十分稀少),且这一制度已经以地方法规的形式在贵州省全面推广。贵州全省耕地承包期 50 年不变,非耕地承包期 60 年不变,已基本上接近永佃制,切断了新增人口对土地再分配的预期。这一模式符合贵州山高坡陡的特殊地理条件,对于搞活土地使用权流转及其实现形式、抑制农村人口过速增长、减少调地成本都具有一定的作用,但是这一制度也进一步弱化了集体所有权。

4.1.3.5 "两田制"模式

"两田制"也称"平度模式",20 世纪 80 年代起源于山东省平度市。它是将包干到户的承包耕地重新划分为两部分:一部分是按人口数量平均分配的"口粮田",口粮田实行分户经营,只负担农业税(2005 年前),其他收入归农户,体现了农地的生存保障功能;另一部分被称为"责任田",责任田并未涉及土地使用权的细化和承包,而是转包给种粮能手,实行规模经营。责任田除了承担农业税外,还要负担集体的提留或统筹费用,完成国家粮棉定购任务等。"两田制"的土地承包期比较固定,如果出现人口的自然变化,只需相应调整口粮田与承包田的比例,采取"动账不动地"、"两田互补"的原则调节人地矛盾。基于"两田制"模式的设想,后来有些地方还探索出了"三田制"模式,将集体土地划分为口粮田、责任田和机动田三块。机动田以招标的方式高价对外发包,并

将其收入用于集体事业。早期的"两田制"既保证了社区内成员生存权利的平等,也可以使农户灵活取得责任田的权利和义务,以便集约利用土地,将公平和效率原则结合起来,其制度效果是明显的。然而后期很多地方强行集中农民的承包地,将口粮田之外的土地高价出租出去,严重偏离了制度设计的初衷,损害了农民权益。

4.1.3.6 "四荒地"使用权拍卖

1983年,在山西吕梁地区率先拍卖"四荒地"使用权。村集体经济组织或村民委员会以土地集体所有者的身份,将荒山、荒坡、荒沟、荒滩使用权拍卖给作为集体成员的农户及其他愿意购买的非该集体成员社团,拍卖期限30~100年不等。由于拍卖后的"四荒地"可以转让、出租、入股、抵押、继承等,通过拍卖取得的"四荒地"使用权更加完整、独立,它"实现了农村土地从'承包'到'出让'的跨越,这是继家庭联产承包责任制后我国农村土地制度的又一次深刻变革"。① "四荒地"的产权改革之所以能够推进得如此之快,是因为对"四荒地"开发治理的投入成本较大而预期收益却并不确定,因此,"四荒地"的经济价值相对不高,这就意味着对"四荒地"使用权进行私人产权改革的制度成本是很低的。目前,把市场交换机制引入集体与农户的土地承包关系,让农民"买断"集体土地的使用权,虽然"四荒地"模式已经取得了显著的成效,但是农村集体至今尚未建立全面的社会保障体系,将这种模式扩展至耕地资源,还存在着诸多障碍。

对农村集体所有制各种形式的探索基本上都是在各地方政府的推动下发展起来的。探索新的集体经济模式的动力都来源于改革开放后劳动力向非农产业的转移及其对土地权利的重新调整和分配的压力,因此,

---

① 靳相木,聂好东."四荒"产权制度创新:内涵、原因与扩散[J].生态经济,2001(5):7.

集体经济形式的创新是与地区经济发展水平和劳动力转移程度密切相关的。以上探索的农村土地经营模式就是受各地地理位置、资源禀赋、经济发展水平、思想文化等因素的不同影响,而探索出的集体产权新模式。其实现形式一般差别都比较大,可供实施的区域也非常有限,它们都是在国家强化家庭联产承包责任制、维持农村土地承包经营权稳定的情况下采取的一些小范围、小规模的制度创新。一般来说,在经济欠发达地区,农地承包权已经成为保障农民生存的手段,农民对土地承包权的要求就会很强烈,土地不断调整是必然的。在经济发达地区,农民对土地的依赖性降低,土地的调整也较少。根据各地区土地调整压力的不同,集体经济的形式也就不同。我国各地区农村集体经济形式的变革,本质上反映的是生产关系与生产力的唯物辩证关系,围绕农村土地产权关系而产生的生产关系层面的调整动力,都来自于农村经济发展内在的生产力要求。

4.2 我国农民集体产生的历史渊源

在我国传统农村社会中,宗族关系作为一种重要的经济文化形态,构成了农村社会基层管理模式的有机组成部分。农村宗族是基于累世相承的血缘关系形成的家族网络,族内有着严格的社会规范和道德伦理规定。"长幼尊卑各司其职,皆不得逾越本分","礼仪、忠孝、德治、贞节"观念深入人心,"族规、家法、乡约"成为制约人们行为的规范,也构成稳定农村秩序、治理农村社会事务的内聚力。中国宗族制度的历史源远流长,从殷商以前的父系家长制,到西周宗法制,一直到近代以来的宗法宗族制,村落宗族逐渐成为构建农村权威、维系社会秩序的重要因素。这是因为以一家一户为基础的乡村社会的权威主要来源于村庄内部的家族势力,乡村不过是由一个个扩大了的宗族所构成的。出于节约管理成本和统治的需要,历代王朝都十分注重利用农村宗族社区文化、意识及其组织资源实现其统治目的。把乡村宗族势力纳入到国家统治体系制度中的设置,既尊重了乡村固有的经济利益格局,同时也有利于实现和贯彻统治者的意志。所以,土改之前的农村社会、政治、经济单位事实上是宗族势力格局下的一种建构性、规定性长期演化形成的秩序。

由于传统中国农村社会聚族而居的特征,邻里之间的关系大都十分密切。即使存在其他姓氏成员杂居存在,也都世代为邻,家户与家户之间长期稳定的交际往来仅次于以血缘、姻缘为基础的交往,人们也就更加依赖互相修好、守望相助的内在感情需求。传统的村庄和宗族虽然以土地和财产私有为主,但并不是纯粹的私有制,而是存在部分公有土地作为补充的。传统宗族制出于维护本族利益的需要,必须具备一定的族田作为集体财产,比如义田的收入用于接济鳏寡孤独和贫困村民;祭田收入用于祭祀祖先、赡养或者教育族人。传统农村基层组织中的义田、学田、祠堂田都既不是土地私有权,也不是国家所有权,而是一种集体所有权。在乡村遭遇抢劫、自然灾害等事件时,财力较强、声誉较高的宗族主动负担起经济救助的社会义务,这些富有的宗族不求回报地对本族和他族成员做出贡献,他们作为乡村中的宗族大户自然也承载了更多的社会功能和作用,属于一种经济上的利他行为。这种大户对于贫苦村民以及村民相互之间进行救济和互助的社会义务,是由仁爱精神和亲仁善邻的道德观念支撑起来的社会传统习俗。概括来说,农村宗族制度至少存在着以下三种功能：

第一，组织低生产力条件下的劳动协作关系。由于传统生产技术落后，生产力水平比较低，一些生产活动必须通过若干个劳动力通力协作才能完成，宗亲自然就成了可以动用的有效社会资源。

第二，承担一定的社会责任。在中国传统农村社会，国家并没有为普通民众提供规范的社会保障和福利，农民的基本生存、养老、医疗等其他社会保障都是由农户自己承担的。对于没有劳动能力的鳏寡孤独者，宗族就承担起一定的社会救助责任，从这个意义上来讲，宗族也为农村社会的和谐稳定关系提供了保障。

第三，对国家权力的一种制衡。传统社会中，农民处于社会权力结构的最底层，担负着沉重的赋税，地方政府官员的腐败和专横行为对农民构成人身和经济利益上的侵犯，法制难以得到正常实施和运转。此时，宗族的血亲关系和家族势力无疑对国家权力形成一种有效的制衡作用。

因此，宗族大户的这种传统基层社会组织作为一种非正式的社会组织，有效地规制了家族集体内成员的个人行为，加强了社会道德标准的约束机制，极大地节约了国家治理农村社会的成本。传统农村基层组织在一定程度上能够代表农民维护整个小团体的利益，影响着农村社会管理和控制模式的演变方向，是封建社会维持稳定的重要社会组织和经济基础。传统农村社会基层组织及其乡规习俗也构成了我国农村集体经济孕育和发展的历史渊源。

4.3 新中国成立后农民集体替代传统基层组织

新中国成立前,传统社会基层组织主要是以血缘和地缘关系为纽带的大地主和宗族势力型组织。新中国成立以后,土地改革的对象是农村地主土地私有制,拥有大量土地的传统宗族成为被消灭和改造的对象,土地改革的制度成果是农民的土地所有制。然而,土地改革后农村社会很快出现了新的贫富分化,土地买卖、租佃、雇工等现象被各级领导者定性为具有"自发资本主义倾向"的剥削行为,随即党中央于1953年提出"过渡时期总路线",掀起了全国范围内的农业合作化运动。从我国农业合作化的历史过程来看,农村集体经济组织实际上是土地改革消灭了地主和宗族势力之后对传统社会基层组织的替代。1947年公布实行的《中华人民共和国土地法大纲》废除了一切地主土地所有权,同时废除了一切祠堂、寺院、学校、机关及团体的土地所有权,实行乡村人口统一平均分配土地的政策。土地改革消灭了地主土地所有制,随之也弱化了农村宗族势力在乡村的权威,土改结束后的合作化运动更是重新塑造了新的农村集体经济组织,代替传统社会基层组织发挥作用。

4.3.1 国家对农村集体产权的塑造

新中国成立后,农村集体经济组织的形成和演变就是国家权力逐渐渗透、控制农村土地产权的过程。从互助组到初级农业生产合作社(简称初级社),再到高级农业生产合作社(简称高级社),最后到人民公社,

第4章 作为农村土地所有权主体的农民集体

农村土地从私有逐步过渡到集体公有，国家也逐步塑造并完善了农村集体产权的组织形式。

4.3.1.1 土地改革时期

新中国成立初期的土地制度变迁是通过政治运动推动的，它废除了地主阶级封建剥削的土地所有制，形成了"耕者有其田"的农民个体小私有制。在中国共产党的领导下，采取革命运动的方式使三亿多农民无偿地获得了大批土地（大约七亿亩耕地），同时农民还分得大量的农具、牲畜和房屋，免除了沉重的地租负担。按照《中华人民共和国土地法大纲》第十一条的规定，"分配给农民的土地，由政府发给土地所有证，并承认其自由经营、买卖及在特定条件下出租的权利"。这标志着国家承认了农民的土地所有者身份，农民有自由处置土地的权利。这次制度变迁的结果是农民获得了土地的所有权、使用权和收益权，农民可以独立经营，很少受到行政干预。可以说，农民土地所有制是集土地所有权、使用权、收益权、处置权于一体的单一产权结构，除了缴纳农业税之外，农民获得了完整的排他性土地产权，这一产权结构属于私人产权。这次土地改革表现出两个明显的特征：①这次变革是强制性财产制度变迁。其变迁的动因直接来源于国家，国家通过强有力的行政垄断权重新调整和界定财产权利；②这次土地变革伴随着普遍性的政治宣传力度。全社会都在宣扬老百姓当家做了主人，平均主义分配土地的模式得到了广大农民的信任和拥护，也为新生政权奠定了社会合法性基础。

4.3.1.2 互助组时期

互助组是在农民个体经济基础上形成的自愿互利、互换人工和畜力、共同劳动、合作经营的一种联营组织形式。在互助组制度下不涉及财产权利的变更，农民的合作是由4~5户临时组成，农民拥有的生产资料等生产资源的性质并未发生变化。互助组虽然并没有形成明确的财产权利的变更,但却为集体产权的形成及集体经济组织的雏形做好了产权主体意义上的准备。

4.3.1.3 初级农业生产合作社时期

在初级农业生产合作社制度下,土地入股和统一经营成为初级社两个最基本的特征。土地、农具等都折价入股成为全体社员的共同财产,土地的所有权和经营权已经开始分离了,这就意味着农民失去了对土地的直接占有权,农民作为土地所有者主体的权利也受到限制。虽然土地的所有权仍归农民所有,但土地的使用权却交给了农业生产合作社,即所有者全体,年终农民按土地股分红。此时土地产权的权利束开始发生分离,原始的所有权就演变为对土地股份的持有权和参与股利分红的利益分配权,而且这一股份不能收回,农民便失去了对土地的直接占有权和经营权。结果以初级合作社为组织形态的集体经营权基本形成,集体财产也得以产生,集体产权的萌芽现实地成长起来了。在土地入股的制度下,国家赋予集体对土地实际经营和管理的权限,也正是在这种意义上,初级社标志着国家构造的集体经济组织的雏形建立起来了。虽然出现了集体产权的萌芽,但是农民仍然享受明确的土地所有权,按资分配和按劳分配在初级社的利益分配比例中体现了农民的报酬主要与个人劳动密切相关,而与土地关联较小,因而没有挫伤农民的生产积极性,对农民的土地收益并没有实质性的伤害,从而得到了农民的认可。

4.3.1.4 高级农业生产合作社时期

这时土地制度变迁的一个实质性变化是否定了农民的土地所有权和经营权,农村土地从农民所有完全转变为劳动群众集体所有,此时的集体所有制经济还仅仅是一种经济组织而不具备政治上的自治职能。高级社与初级社的主要区别在于:①主要的生产资料归集体所有。在初级社,土地等生产资料基本还是归农民私有,农民是土地的合法所有者主体,然而在高级社，农民必须把私有的土地、农具和牲畜等转为合作社集体所有。②消除了按股分红的土地报酬。由于农民已经不是土地的所有权人，因而相应地也就取消了按资分配的土地报酬，按劳分配成为年终唯一的分配标准。③合作社的规模得到扩张。初级农业生产合作社的规模是单个自然村，而高级农业生产合作社的规模则通过合并有了明显扩大，1957年全国高级合作社的平均规模为158.6户，此时农民的土地所有权、占有权、经营权、排他性的收益权全部都失去了。虽然高级社《示范章程》仍然规定社员有退社的自由，但是因为这一时期的物资购买和流通全被国家控制起来了，农民根本无法退出合作社。这一时期集体经济组织的功能表现得十分突出：集体不仅拥有原属于农民个体的土地、农具等生产资料和历年积累下来的公积金等，还对这些财产进行统一经营和管理；在收益分配上，首先交足国家农业税，然后再提留集体基本建设和公益金等，最后才是按劳分配给社员，这样的分配次序本身就表明了集体、个体在农村土地产权中的地位次序。高级农业生产合作社完全改变了农民以家庭为单位的经营方式，实行集中经营，这同当时的生产力状况和农业生产特点是不相适应的。关于如何进行农业的合作化，马克思曾经指出："要让农民自己通过经济的道路来实现这种过渡"，"不能盲目废除农民所有权"。① 高级农业生产合作社由于取消了生产资料的农民个体所有制，侵犯了农民的切身利益，因而严重挫伤了农民的生产积极性和创造性。

4.3.1.5 人民公社时期

"一大二公"的人民公社制度的显著特点是范围大、一切生产资料均归人民公社。一方面，两三千户为一个公社，将原来的高级社分为生产

---

① [德] 卡尔·马克思. 马克思恩格斯选集第2卷 [M]. 北京：人民出版社，1972.

中国农村土地的制度性质

大队和生产小队,由公社统一核算、统一分配,分配上采取绝对的平均主义;另一方面,三级所有的土地制度几乎否定了任何确定性的土地产权主体,生产大队、生产队没有自主权。各上级政府以各种名目对农民摊派,此时国家是比个体、集体更强大的产权主体,人民公社下的基本财产制度实际上就是一种国家权力主导下的集体财产权利。此外,强制性地剥夺农民的退社权和工农产品价格剪刀差政策的实施使农民丧失了近乎一切的土地产权。归纳起来,人民公社的财产结构主要有三点:①农村土地不能自由流转;②劳动力不能自由流动,也不能随意退出,且劳动是在公社统一管理下共同经营进行;③基层政府对农村社员的选种、耕作方式以及耕作密集度等的选择干预过多,农业生产完全听从计划和指挥,没有选择性。所谓的"一大二公",实际上就是将农村的政权组织、社会组织和经济组织统一集合到人民公社这一集体上,从而形成了政治、经济、社会高度统一的管理体制。这种强制性的制度安排剥夺了农民当家做主的权利,忽视经济发展的客观规律,同时实行政社合一,使组织的运行成本和劳动监督成本非常高昂,严重打击了社员的劳动积极性,农业产量大幅下降。

从以上对农村合作化组织形态的演变分析中我们可以看出农村集体产权的发展历程(如表4.1所示),从互助组向人民公社演变的农村经济制度就是一个逐步剥夺农户个体土地产权的过程。如果说这种剥夺只是从农户土地产权向集体产权的简单集中,也不过意味着改变了农民占有土地的方式,由个体占有变为集体形式的占有,关键是集中到集体手中的土地产权究竟有多大比例可以由农民享有。从土地的所有权、经营权、收益权三个层次展开分析可以看出:政府控制了集体土地的经营方式,对农产品实行统购统销,通过工农产品价格剪刀差的制度,1952~1989年国家从农村获取了7000多亿元的资金(牛若峰,2004),将农民的土地资本退化为纯粹的土地资源;绝对平均主义的分配政策将农民的报酬与劳动分离,剥夺了农民的收益分配权;作为组织形态的人民公社既是政治组织又是经济组织,此时的集体所有权就是一种"准国有"的形式,这种制度没有形成农业生产劳动的激励机制,造成了农民的普遍贫穷。实行人民公社制度后的 20 年中,由于超越了当时的农业生产力发展水平,导致粮食产量下降,农民生产积极性受挫,此后,农村集体合作化组织经历了一段调整和停滞的时期。为了恢复发展经济,在坚持"三级所有、队为基础"的前提下,恢复了自留地和农产品贸易,甚至实行了"包产到户",然而很快又遭到否定,这些都属于集体范围内对生产经营体制的小的调整。对农村集体经济的大范围改革当属 20 世纪 70 年代末 80 年代初的家庭联产承包责任制改革。

表 4.1 新中国成立后国家、集体和农民土地产权结构的演变历程

产权制度 \ 产权主体	国家	集体	农民
农民私有制	征收农业税;征地权;管理权	尚不存在集体产权	所有权;经营使用权;占有权;转让权;处置权;收益权
互助组	征收农业税;征地权;管理权	集体产权的萌芽时期	所有权;合作经营;使用权;收益权;处置权
初级农业生产合作社	征收农业税;征地权;管理权;终极处置权	集体产权的雏形:经营权;使用权;直接占有权	所有权;土地按股分红收益;劳动报酬收益
高级农业生产合作社	征收农业税;征地权;管理权;终极处置权	实际所有权;经营管理权;使用权;处置权	法律所有权;劳动报酬收益
人民公社	国家计划管理;统购统销;征收农业税;征地权;终极处置权	所有权;管理社内生产计划;组织经营权;分配权;提留收益权	生产劳动;平均分配;集体福利

4.3.2 家庭联产承包责任制改革后农民集体的地位和职能

家庭联产承包责任制改革之前,不管是互助组、合作社还是人民公

中国农村土地的制度性质

社,农村集体在概念和范围上都是比较清晰的。然而改革之后,经过撤社建乡,以人民公社为单位的组织形式解体,大型集体经济组织不复存在,取而代之的是以乡(镇)一级、村一级、村内村民小组一级的多种级别类型并存的集体经济组织。由于农村集体经济组织没有法人资格和地位,组织的协调能力和经营能力不强,集体产权面临主体不明晰、性质模糊、集体经济运作不规范、运行成本较高等种种问题,然而农民集体的存在还是有着约定俗成的特定价值和意义的。

4.3.2.1 集体的政治职能

在农村社会管理体制上,国家淡出了直接管理农村各项社会事务的职能,建立乡级政府,实行政社分开,乡以下设立村民委员会,由村委会承担基层组织管理和村民自治的职能。在国家公权力从土地集体生产经营过程退出的过程中,国家对集体土地的干预也逐渐从直接的生产管理转向间接的宏观调控,将农村的行政管理权下放给农村乡镇政府和村民委员会。因此村一级农民集体虽然不是国家的行政机关,但却承担着政府准行政角色的管理职能,除了提供社区内公共物品,完成政府赋予的经济目标之外,集体在沟通政府与农民的关系、调节农村社会矛盾和经济纠纷方面还有广泛的社会意义。此外,对土地等农村财产的归属性,《中华人民共和国宪法》、《中华人民共和国土地管理法》、《中华人民共和国农村土地承包经营法》无一例外地规定"农村土地归集体所有",集体在相关法律中的地位毋庸置疑,而取消集体、改变法律内容的成本将十分高昂。

4.3.2.2 意识形态的约束

意识形态对人们的行为选择和制度变迁的方向有着重要的影响,它构成了人们对世界现存状态的一套信念和信仰,能够帮助人们形成对他人和自己作用的道德评判标准,从而影响人们的认知和决策。在意识形

第4章 作为农村土地所有权主体的农民集体

态的作用下,即使有时制度变迁的收益大于成本,变迁的行为和速度也有可能受到阻碍。比如,改革开放前在"以阶级斗争"为纲的意识形态主导下,虽然个体经济和商品经济的发展具有旺盛的生命力,仍然遭到禁止,"承包"、"个人"、"私有化"就等同于资本主义是唯恐避之不及的。今天,在从计划经济体制向市场经济体制转型过程中,虽然家庭联产承包责任制确立了个体农户对土地的使用权利,但是取消集体土地所有制,允许土地自由买卖的政策短时间内还无法被人们所接受,将会在全国范围内引起思想上的震荡,不利于社会的稳定。这是因为新中国成立以来,广大人民群众长期普遍地接受国家强大的意识形态的宣传教育,并受社会主义公有制美好前景的鼓舞,依然憧憬公有制和集体经济并幻想通过集体经济达到共产主义社会。现在的家庭联产承包责任制在某种程度上就是改革开放前后新旧两种意识形态相互妥协的结果,一方面,传统计划经济体制的弊端和沉痛的历史使人们渴望在农村运作市场经济体制;另一方面,受社会主义意识形态的熏陶却仍旧排斥"土地私有"的字眼,继续维持旧的农村土地基本制度。农村集体土地所有制基础上的家庭联产承包经营就是改革过程中"左"、"右"两派相互妥协的结果。

4.3.2.3 集体的经济职能

从经济利益关系来看,在农村经济市场化背景下,农民作为个体参与市场竞争的力量十分弱小,难以抵抗市场经营风险。如果在农民的个体理性之上,保留一个为农业生产经营和产前、产后提供服务的集体经济组织,则能极大地减少个体农户生产中的风险和不确定性。我国的集体所有制有以下优势特征:①共同共有的水塘、水系、公共活动场所等,这就为农民的生产和生活提供了便利,节约了农户个体挖渠灌溉等基础设施方面的成本;②集体所有制基础上按份所有的基本农田和自留地部分充分体现了公平原则,保障了农民"耕者有其田";③集体和农户统分结合的经营体制在理论上有利于实现土地的规模化、专业化经营；④农村集体保留的机动地和集体建设用地部分，不仅可以解决新增人口的口粮田，也便于发展村办乡村工业和企业，增加集体收入为农村集体提供发展基金。总之，集体所有制为农户提供了一定程度的组织管理和生产经营服务，农户个体的权利也可以在集体所有制框架内找到应有的位置和体现。

综上所述，我国保留土地的集体所有制度，是出于政治管理职能、联合生产功能以及意识形态延续性的考虑和需要。我国的农村集体土地所有制是集体土地所有权和个体农户土地使用权的有机统一，农村基层组织的统一协调与农户个体的生产劳动相结合正是我国农村集体经济存在的优势。

4.3.3 土地的社会保障功能以及集体对土地行政调整的必要性

社会保障制度是国家和社会理应承担的对全体成员的基本生活给予保障的社会制度，提供社会保障的责任主体主要是社会和国家。社会保障基金来源于政府财政、企业和个人，成立社会保障基金的目的是在遭遇重大疾病、意外风险，或者生活遇到各种困难时向社会成员支付便捷的资金以转化为生活资料，社会保障制度属于一种经济保障。目前我国城市已经建立了较为完善的社会保障制度，但是在广大的农村地区，由于农村人口众多而国家财力有限，绝大部分农民都还游离在社会保障制度之外。为此，国家就以农村一定数量的土地使用权来代替国家财政担负起农村社会保障的作用。应当明确的是，土地必须经过农民的劳动和自然生长过程才能转化为农民的生活资料，它并不是农民的社会保障，而是为农民的生存提供具有社会保障功能的某种条件。

4.3.3.1 土地具有社会保障的功能

对于土地在农村社会中的保障作用,一部分学者持否定的观点,认为随着城市化和农业现代化的发展趋势,平均分配的土地制度不利于农村经济的长远发展,土地的社会保障功能也将逐渐减弱。还有的学者认为土地并不能构成社会保障的组成部分,社会保障应该是国家、企业、社区或其他社会组织提供的,而不应是某种生产要素的功能。诚然,社会保障本是国家和社会的职责,国家财政应该是社会保障最主要的来源,然而,我国城乡分治的二元社会结构和9亿农民的庞大群体决定了现实生活中土地确确实实在承担着政府财政无法负担的社会保障。即在农民没有稳定的非农就业机会和收入、没有充足的财富积累的情况下,农村社会保障体系的缺失就注定了农民必须将土地作为维持其基本生活的主要来源,土地的社会保障功能是在农村社会保障体系缺失状态下被迫进行自我保障的一种理性反映的结果。况且,新中国成立60多年来,我国的农村社会保障工作一直都是围绕土地做文章,因此,土地的社会保障功能不容忽视。土地的社会保障功能具体可以归纳为以下三种:

第一,基本生活保障。中共十五届三中全会决议指出:土地是"农民最基本的生活保障"。农民拥有的唯一的生产要素就是土地,因此,农民拥有的土地的面积及其产出能力决定了农民的农作物产量和收入水平。虽然土地不一定能给农民带来很高的收入和财富,但却可以保障农民基本的生存需求,即使发生严重的经济危机,土地产出物,包括粮食、蔬菜、棉花等也可以达到农民养家糊口的最低标准。但是,必须注意的一个经济条件变化是,随着农民总体收入水平的提高和非农收入比重的增加,土地的基本生存保障功能也逐渐减弱。

第二,就业保障。随着我国城镇二、三产业的快速发展,农民拥有了更多的外出打工从事非农产业就业的机会,不过这种机会却存在地域性、不确定性和生命周期性。这是因为:首先,并不是所有的农民都能轻而易举地获得城市就业的机会,信息封闭的偏远地区、交通堵塞的山区以及经济欠发达的落后地区,由于市场半径太大,获取城市就业的信息和机会相对就比较少;其次,随着经济周期的频繁波动,农民非农就业机会也分为淡季和旺季,当遭遇严重的经济危机时,最先裁掉的就是那些从事简单劳动作业的农民工,因此对于农民工来说,城市非农就业机会具有不确定性和风险性;最后,农民外出打工要受自身体力、年龄、技能的影响,年轻力壮的农民可以很容易在城市找到就业机会,而体弱年迈的农民就只能留守在农村。因此,土地成了农民就业的最后一条退路。

第三,养老保障。我国农村的养老方式主要有两种:自我养老和子女养老。拥有土地的老人只要还没有丧失基本的劳动能力就继续参加土地劳动,以保障自身基本的生活、减轻子女的负担。而受农村养儿防老传统观念的影响,没有劳动能力的老人其土地一般由子女代为耕种,并由子女承担老人的饮食起居的花费,照顾老人的基本生活。

4.3.3.2 土地社保功能需要调整土地

在我国,土地社会保障功能的稳定性和可靠性赋予了农村集体内每一名成员合法的土地权利,也决定了农村社会根据人口的不断变化对土地的承包经营权进行调整的必要性,这也是我国农村土地集体所有制得以长期存在的基本原因和目的。我国人口众多,人均土地资源面积十分匮乏,要想使每个农户都拥有比较稳定的生活保障、就业保障和养老保障,就不得不实行平均分配土地的制度,这反映了经济不发达时期我国政府更多地兼顾效率公平。按照人口数量的增减对农村土地进行调整也就成为我国农村一种特有的经济和社会现象,它是指根据人口数量和分

第4章 作为农村土地所有权主体的农民集体

布的变化及其带来的人地比例的压力,土地发包方与承包方之间关于承包地的位置、面积、肥沃程度的不定期调整。土地行政性调整的依据是法律制度规定的农民人人都享有平等的集体土地所有权,土地调整的直接原因是集体内成员数量和分布的变动,调整的目的是调节人地比例矛盾,实现农户之间公平的土地权利关系。然而,随着土地生产功能和经济价值的稳步提高,土地调整政策的直接后果就是土地使用权流转的缓慢和土地资源配置的低效率。

从我国目前的发展阶段来看,对农村土地承包权的调整制度面临着公平与效率之间的两难抉择:一方面,土地调整有利于农户之间土地的公平分配;另一方面,频繁的土地调整会使农民形成不稳定的预期,从而不利于农民对土地的长期投资。十多年来国家政策一直试图最大限度地稳定土地承包关系,1984年党中央提出了"大稳定、小调整"政策;1993年提倡有条件的地区在承包期内实行"增人不增地、减人不减地"政策;2009年中央一号文件着重强调现有土地承包关系长久不变。然而人地矛盾带来的调整土地的压力不会随着中央稳定土地承包权的政策而减小,单纯地依靠中央政策并不足以解决人地矛盾。改革的过程中必须结合城乡经济统筹发展水平,逐步推进人口的永久性迁移,同时切断人口与土地的联系,实现农村转移劳动力人口的市民化,使其切实享受到城市社会保障福利,这样才能减少人口变动给农村经济带来的土地调整压力。

4.4 现行集体产权结构及其面临的矛盾和挑战

4.4.1 现行集体所有权的权能和性质

家庭联产承包责任制保留了集体对农村土地的所有权,坚持了农地集体所有制,但是在土地利用和经营制度上,国家、集体、集体经济组织或村民委员会、个体农户之间的权能结构和利益分配有了很大调整。这一调整突出体现在对土地产权的"两个分离"上。

首先,第一个明显的分离是实行了农村土地集体所有权和个体农户经营使用权的分离,确立了个体农户和家庭对土地的承包主体地位。在这一分离过程中形成了两个层次的土地产权:集体享有的以所有、管理、处分为内容的团体支配权和农户享有的以使用、收益为内容的个体经营权。两个层次的权利之间"统分结合",共同形成了家庭联产承包责任制的基本内容。然而,在现实的产权制度实施过程中,并没有很好地运行两个层次权利的"统分结合",而是出现了"重分轻统"的现象。表现在权能的具体设计上,现行法律和政策强调分割后的农户第一轮土地承包期规定15年以上,第二轮承包期再延长30年,2007年《中华人民共和国物权法》明确了土地承包权的用益物权性质,土地承包权更加趋向于稳定化、长期化、制度化,农户个体"分"的权能更加完整。这"反射"到集体所有制的性质归属上,就意味着集体产权"统"的权能更加软弱,集体所有者对土地的直接支配和处分权能被分割、压缩甚至取消,作为

第4章 作为农村土地所有权主体的农民集体

经济权利的集体所有权逐步演变为一种被弱化的组织权和管理权。

其次,第二个分离是集体所有者与集体经济组织或村委会之间所有权与代理权的分离。农民集体意志的实现需要借助特定的执行主体进行实施,现行法律规定的合法集体产权代理人是各级集体经济组织或村民委员会,两者之间是委托代理的关系。对土地产权执行主体进行法律规定的根本目的是为了弥补集体主体的虚置和模糊性缺陷,保障集体产权的顺利实施,但是这一规定是否真正弥补了集体主体的虚置性呢?答案并非如此。事实上,集体产权的执行主体之一集体经济组织也同集体一样面临着组织缺失的问题,而村民委员会作为基层群众自治组织在某种程度上也具有国家基层政权的职能和性质。让一个半官方性质且掌握了诸多权力的准行政机构——村委会作为集体产权的代理执行人,从本质上注定了集体所有权不仅先天不足,后天发育更加欠缺。

上述"两个分离"只是集体产权内部体制和机制运行过程中的产权弱化问题。更为重要的现象是,在国家正式制度的设计中,在国家这一农地产权主体面前集体产权根本就没有可比性和谈判力,集体所有权主体对土地的支配力也必须服从国家对土地的管理和控制。毫无疑问,国家对统治范围内土地的使用进行必要的管理和限制是合理的,但是这种管理和限制并不能凌驾于土地所有者基本权利之上,更不能按照国家意识形态和政治层面的需要而随意变化,以国家管理权的名义对农村土地权能的实施进行干预实际上是对土地产权的侵犯。

《中华人民共和国民法通则》第71条规定:"财产所有权是指所有人依法对自己的财产享有占有、使用、收益和处分的权利",《中华人民共和国物权法》也同样强调所有权人拥有的上述权利。所有权主体对产权客体的支配权利应该是独占的、最全面的、最充分的,然而现行集体所有权无论在权利项的范围还是权能的实施程度方面都受到了严格的限制。

农民集体不能通过收取地租获取收益权,不能自由调整土地使用权的分配,也不能买卖土地实现土地的财产价值,集体拥有的只是徒有虚名的法律所有权和随国家意志变动的农村经济组织管理权。因此,我国的集体产权根本没有体现所有权的性质,农民集体也并不是实际经济意义上的所有权主体,集体土地所有权在本质上只不过是打着集体旗号的国家所有权,其法律规定的理想性质与现实权利运行结果之间存在着巨大的鸿沟,从而导致集体产权的弱化和虚化。

4.4.2 集体产权面临的矛盾和挑战

家庭联产承包责任制实行以后,农民的生存和温饱问题得到有效解决。然而在社会经济飞速发展的今天,随着经济发展,工业化和城市化进程的加快,农村剩余劳动力的转移和农地非农化进程的发展,农民集体产权又面临着很多新的矛盾和挑战。

4.4.2.1 农民集体所有者法人地位不明确

现行的国家法律法规并没有给农民集体以经济法人或者社团法人的身份认定,使得农民集体面对市场经济中的合作、参股、交易、融资等合同行为,难以得到法律强有力的支持和保护。尤其是碰到经济纠纷时,法院无法对集体身份进行定位,常常因为集体没有法人资格,不具备行事责任能力而无法进行审理,一些外资企业因此也不愿与集体经济合资合营,致使集体经济遭受很大损失。即使赋予农民集体民事法律主体的地位,对于如何界定集体的内部结构,如何运行集体产权,集体与成员之间的权利关系如何分配,集体的决策机制等问题也都难以得到很好的解决。同时,随着农户个体经济比重的上升,集体经济比重逐渐下降并失去主导地位,人们对集体行使权利的能力和作用也产生怀疑,导致人们对集体丧失信任,集体功能变得简单粗糙,集体权利遭到弱化。

第4章 作为农村土地所有权主体的农民集体

4.4.2.2 集体范围不确定

改革开放以来,随着市场经济建设的推进和城乡户籍制度的逐步放开,大量的农村劳动力涌入城市。2006年国务院研究室发布的《中国农民工调研报告》显示,我国农民工转移就业的总数近两亿,且以年均5%的速度增长。然而,农民工的受教育水平、工资收入水平、就业的行业和基本劳动素质都存在很大的差距,超过半数的农民工每年的打工时间超过六个月,未来有多少农民工能留在城市定居,农民工在城市打工的时间有多长,这些问题都没有一个明确的时间预期。另外,随着城市化的进程加快,农村土地非农化规模也在增大,越来越多的农地转为非农建设用地,导致原有的农村集体无论在成员数量还是土地面积上都发生了急速的改变,给集体范围的界定带来很大的不确定性。

4.4.2.3 集体产权的残缺、弱化和虚化

任何一种所有制都不仅要求法律上的承认,更重要的是必须在经济上存在权利得以实现的形式和内容,我国农村集体所有权更多的只是法律意义上的所有权,而经济意义上的集体权利实现不足。一方面,在国家土地用途管制和征地制度约束下,集体土地所有者无权买卖、转让土地产权,这就造成土地所有者主体权利的残缺。另一方面,集体权利实际上被少数精英人士所控制,一些农村干部凭借对集体所有权的代理权利,以权谋私,肆意加重农民负担,随意处置集体财产,严重偏离了集体主体的预期目标,造成了农民集体产权的弱化和虚化。由于多元主体权利关系的混乱,导致无论哪一级集体都不愿意履行保护和建设土地的职责。

4.4.2.4 集体土地难以实现规模经济效益

将土地承包给家庭农户后,随着国家延长土地承包期限、稳定农民承包权利政策的深化,集体对土地的经营管理职能进一步被削弱,农民

对土地生产和投资的积极性也仅仅局限于自己拥有的承包期内的小块土地，土地经营面积长期受限，也就无法实现土地规模经济效益。原因在于：首先，小规模、条块分割的经营格局使得农业大型机械设备不能得到充分利用；其次，随着城市二、三产业经济的发展，农户兼业经营普遍，制约了对土地的投入和技术水平的改造，土地粗放经营现象严重；最后，随着市场半径的扩大，农户分散经营难以链接市场需求，阻碍了农村商品市场的发育。

4.4.2.5 集体土地所有者缺乏收益权的实现形式

作为农村土地的所有权主体，农民集体所有者的收益权并没有得以实现的形式。这突出地表现为，承包集体土地的个体农户取得农村土地使用权的方式是按照成员身份无偿取得的。农民只缴纳公积金和公益金，而无须为土地使用权利缴纳地租，同时，当出现人口的出生、死亡、婚嫁等成员变动时还可以适时地要求调整土地承包权。此时，集体的所有权收益并没有得到体现，相反，集体却承担着管理农村资产、监督土地使用的经济职能，集体主体收益与成本、权利与义务的不一致导致集体经济管理职能并没有得到很好的实施，相应地，集体的组织形式也形同虚设，逐渐被村委会的行政管理职能所取代。集体所有权与农地无偿使用之间的矛盾一方面构成集体土地所有权弱化的事实，另一方面也导致农民对土地资源的滥用和掠夺。

第5章
集体产权执行主体及其拥有的权利

5.1 集体产权执行主体界定

《中华人民共和国土地管理法》第十条规定:"农民集体所有的土地依法属于村农民集体所有的,由村集体经济组织或者村民委员会经营、管理……已经属于乡(镇)农民集体所有的,由乡(镇)农村集体经济组织经营、管理。"在我国,法律制度规定的内容是明确的,农民集体是土地产权所有者,集体经济组织或村民委员会代替农民集体管理和经营集体资产,它们都是合法的集体产权代理人和执行者。然而,由于集体经济组织不仅在概念上难以把握,而且很多地区的村办集体经济组织也已经随着人民公社的解体而解体或破产,生产大队也名存实亡,如此一来,村民委员会也就顺理成章地获得了事实上的土地代理权和控制权。在法律上规定的所有权与经济上实际运行的产权分离以后,产权权益在终极所有者、所有者代理人和经营者之间进行了分割。这种利益的分割不仅仅表现在对产权收益的直接分割上,还间接地表现在代理人主体通过自身掌握的不对称信息所带来的控制权分割方面。产权实施对正式法律制度的偏差所导致的产权弱化和虚化现象,我们可以从集体经济组织和村委会两个集体产权执行主体的角度进行剖析。①

5.2 集体经济组织的权利

集体经济组织是对农村集体资产进行管理、运营及其他经济活动的组织。从历史形成角度来看,从农民互助组、初级合作社、高级合作社到人民公社,可以说改革开放之前我国农村集体经济组织的概念和范围是比较清晰的。家庭联产承包制改革之后,随着人民公社的解体,撤社建乡,以公社为组织形式的大型集体经济组织也就不复存在了,就从一个特定历史阶段的财产共同体演变成了农村自治组织的附属物,它虽然有约定俗成的特殊含义,却不具备完全经济意义上的经营属性,也没有法人资格和法律地位。虽然法律制度规定了农村集体所有的土地由农村集体经济组织代为管理,但是对农村集体经济组织的范围、界限、权利等有关规定只是散见于各种涉农法规以及地方性文件中,这些规定只是一种原则性的规定,对于实际工作的操作缺乏指导性。农村集体经济组织究竟是什么形式的组织,其组织功能如何发挥,发挥的程度怎样,谁

---

① 在分析产权弱化和虚化的原因时,这里只分析人为因素,而对界定、实施和保护产权技术上导致的成本和费用不作分析,也就是不考虑客观因素导致的产权弱化和虚化。

是它的决策者,这些问题的存在表明立法和实践活动的含糊和混乱,也势必导致集体经济组织权利和职能发挥的弱化和虚化。

5.2.1 改革开放之前集体经济组织的名称和形式

集体经济组织自最初成立发展到现在,组织名称随着国家重大政策和制度变化频繁变动,组织结构也形式各异,由此导致组织实体边界模糊不清,组织权力时大时小。1956年6月30日,第一届全国人民代表大会第三次会议通过的《高级农业生产合作社示范章程》中第一条明文规定"农业生产合作社(本章程所说的农业生产合作社都是指的高级农业生产合作社)是劳动农民在共产党和人民政府的领导和帮助下,在自愿和互利的基础上组织起来的社会主义的集体经济组织"。因此,最初的农村集体经济组织就是指的高级农业生产合作社,土地、牲畜、大型农具等都由农民私有转为合作社集体所有,社员"各尽所能、按劳分配、同工同酬"。1962年9月27日通过的《农村人民公社工作条例(修正草案)》修正了农村集体经济组织的形式,在高级农业生产合作社的基础上组成了农村人民公社,草案第一章就指出"人民公社的基本核算单位是生产队。根据各地方的不同情况,人民公社的组织,可以是两级,即公社和生产队,也可以是三级,即公社、生产大队和生产队……人民公社的规模是一乡一社"。生产队的规模可以根据土地的数量和远近、居住的集中或者分散、是否有利于发展多种经营等条件确定。此时的农村集体经济组织成了"三级所有、队为基础"的结构形式,即集体产权的行使主体可以是人民公社,也可以是生产大队或生产队,而人民公社本身还是农村社会的基层单位,实行同乡基层政权相结合的"政社合一"体制,这本质上是农村计划经济时代下的特殊产物。

5.2.2 家庭联产承包责任制改革后集体经济组织的权利

如果说改革之前的集体经济组织还能找到一个或多个对应的实体形式,那么改革之后的集体经济组织已经没有了实际的经济地位。这是因为,家庭联产承包责任制打破了人民公社,使得生产大队和生产队一级的经济组织功能和地位日渐萎缩,而随着行政村和村民自治组织——村委会的设立,取代了生产大队,生产大队的经济组织权利也由村委会代为行使。

1978年以家庭联产承包责任制为主要内容的农村土地改革把土地的所有权与使用权、收益权分离,解决了农业生产过程中的激励问题,在农村取得了巨大的成功,此时的农村土地的处分权和转让权在土地产权中的功能和重要性还没有凸显,集体土地产权代理人的角色由谁承担也没有实质性区别。然而,在城市化、工业化进程下,农村剩余劳动力转移加速,随着农村土地的社会保障功能的减弱和经济价值的逐渐提高,农民对土地的依赖程度降低,集体土地的代理人和集体所有权的执行主体地位也随之变得更加重要,然而,从集体经济组织的权利实施来看,农村已经不存在承载集体经济组织实体的权利基础。

首先,承包责任制后,大部分集体土地按照成员均分的原则承包给了个体农户,成为农民的生活保障,这一制度安排剥离了集体的土地使用权和经营权,为集体经济组织管理职能的发挥设置了障碍。同时,由国家管理权扩大及其造成的集体产权的压缩也注定了集体经济组织的代理权利无法完全实现。组织权利缺失的根源是个体农户对土地使用权的分割与国家产权的膨胀。

其次,个体工商户、村办企业、私营企业等也先后由于《中华人民共和国个人独资企业法》、《中华人民共和国乡镇企业法》等法规的实施,逐

第 5 章 集体产权执行主体及其拥有的权利

步获得了市场经济独立参与人的地位，集体经济组织也无权过问，唯有农村集体经济组织仍旧是市场经济中的"黑户"。由于丧失了土地和村办企业等资产，集体经济组织也就丧失了组织赖以存在的物质基础，逐步被空壳化、名义化，这也是农村集体经济组织无法正常运转的现实原因。

最后，"党政企"合一的农村社会管理模式使得农村集体经济组织的权利在实际操作中往往是由村委会成员代为行使。在村委会成员"交叉兼职"实施职权方式下，集体经济组织也不可能发展成为真正的经济主体，此时作为集体产权代理人的村委会的行为已经成为农村集体经济组织权力运行的重要障碍。接下来就有必要进一步讨论村委会主体及其成员的行为特征。

5.3 村民委员会的权利及其行为特征

在我国，村民委员会是群众自治性组织，它在农村社会充当公益人、仲裁人、守夜人和中介人的角色。然而《中华人民共和国土地管理法》和《中华人民共和国农村土地承包法》设定农村集体所有权代理人时，将村民委员会放在与集体经济组织同等的地位，赋予其管理集体土地的经济职能，势必引发产权执行主体权利混乱，削弱集体土地产权权能。几乎所有的学者对村委会是否能够承担管理集体资产、充当农民利益代言人和保护者角色的职能都持怀疑态度。这是因为，村民委员会不是经济组织，赋予它经济职能是与其性质、职能不相符合的。改革开放之前，国家依据集体土地边界界定集体资产，使集体既是一级行政单位又是一级经济组织,并运用行政命令的原则在农村贯彻国家的发展计划,这一科层制度体系使任何组织都没有多少独立的权力,反而作为劳动的组织者身份的乡村干部具有事实上组织土地统一经营和管理的职责。改革开放之后,人民公社解体,在农村建立了集体经济组织和村民自治组织(即村民委员会),国家对农村的控制逐步转变为政策性的间接控制,事实上绝大多数农村村民自治组织与农村集体经济组织具有同构合一的性质,由村民委员会代表其行使管理土地的职能,同时由于农村没有对村委会及乡村干部建立切实有效的监督机制,村委会和村干部的自主权逐渐膨胀,在农村土地制度安排中处于强势地位。此外,由于农村村民之间都存在着紧密的血缘、地缘和业缘关系,村委会及村干部的行为很容易得到村民的认同,即使村民与村干部出现利益冲突,大多数村民在权威面前也往往持被动和从众心态,争取集体权利的自主意识和声音也相当微弱。国家对农村自治组织控制力的减弱与社区农户的弱势都为村委会扩大机会主义行为的选择空间提供了条件。

5.3.1　农村土地委托代理关系中的村委会及其权利

委托代理理论是新制度经济学契约理论的重要内容之一。在委托代理关系中,由于委托人与代理人双方信息不对称,效用函数存在差异,代理人往往以追求自身财富的最大化为目标,偏离委托人的意志行事,这必然损害委托人的利益,导致双方的利益冲突。较多的理论研究利用农村土地委托代理关系分析村委会的行为特征。张维迎(1999)认为公有制产权结构下委托代理链条过长是效率低下的原因。按照张维迎的分析思路,农村集体土地终极委托人是全体农民,农民将土地所有权委托给集体代为决策管理,集体又将土地所有权的执行权委托给集体经济组织或村委会,这样,终极委托人对代理人的监督在层层的次级委托代理

第5章 集体产权执行主体及其拥有的权利

关系中慢慢减弱。集体中的农民规模越大,每个终极委托人分享到的利益份额就越少;委托代理链条越长,监督成本也就越高。① 周斌(2008)认为,农村土地集体所有制是一种缺乏人格化的所有制,所有权与使用权分离,他从农村集体经济组织与村委会之间特殊的委托代理关系的角度分析,得出结论如下:集体经济组织不可能形成健全的企业治理结构,其对集体资产的管理决策权往往被村委会代替。② 陈剑波(2006)将农地产权制度中的委托代理困境归因于"三位一体"的村委会角色定位,他在分析中指出,由于集体经济组织在法定体制中缺失,使村委会成为由不相干的第三者委托的合作代理人,结果真正的所有者成员无法行使其委托权。③

深入分析我国农村的土地产权制度可以看出,其中包含的委托代理关系纷繁复杂,委托代理链条交错纵横,村委会在这一关系中的地位和作用也十分特殊。在土地所有权关系中,村委会是农民集体产权的代理人和执行者;在基层政治管理体制中,村委会又代表基层政权成为乡村社区的管理者;在土地承包合同中,村委会又是个体农户土地经营权的发包方。这种多重代理关系及身份的复杂性决定了村委会天然不可能很好地代表农民集体行使土地所有权。

5.3.1.1 作为双重代理人的村委会权利矛盾

村民委员会是村民自我管理、自我教育、自我服务的基层群众性自治组织。1998年11月4日通过的《中华人民共和国村民委员会组织法》规定,村民委员会的职责是"办理本村的公共事务和公益事业,调解民间纠纷,协助维护社会治安……村民委员会应当尊重集体经济组织依法

---

① 张维迎. 公有经济中的委托—代理关系:理论分析和政策含义 [J]. 经济研究, 1995 (4).
② 周斌. 农村集体经济组织创新发展中村委会的角色定位分析 [J]. 天府新论, 2008 (2).
③ 陈剑波. 农地制度:所有权问题还是委托—代理问题?[J]. 经济研究, 2006 (7).

独立进行经济活动的自主权",可见,村民委员会具有管理农村事务的社会职能,其与农村集体经济组织在职责范围上是不同的。该法第五条又规定:"村民委员会依照法律规定,管理本村属于村农民集体所有的土地和其他财产。"《中华人民共和国土地管理法》也将村民委员会作为农村集体土地所有者的代理人。通过对这一系列法律条款的解读可以看出,村民委员会既可以同集体经济组织一样代理集体行使土地所有者权利,同时也要尊重集体经济组织进行经济活动的自主权。法律制度到底是让村委会代理管理集体土地还是让集体经济组织代理管理集体土地?当二者的经营决策发生矛盾时,村委会是要尊重并顺从集体经济组织的决策,还是继续行使其管理土地等集体财产的职责?这些矛盾的存在,就意味着我国的法律体系对村委会的职能定位本身存在着制度规定上的冲突和摩擦,此外,村委会这种社会管理职能与经济职能兼于一身的制度规定赋予村委会双重代理人的身份。陈剑波(2006)利用委托代理理论分析村委会的行为时,建立了一个双重委托代理模型,作为国家基层政权在乡村的代理人和农民集体土地产权的代理人,村委会的两个利益目标往往存在矛盾和冲突。模型的结论是村委会往往会选择在两个委托人之间扯皮,甚至会利用一方来压制另一方委托人,从中谋取物质的和非物质的额外的好处。①

5.3.1.2 互为委托—代理关系的村委会和农户

在农村土地承包经营关系中,农民集体作为土地的所有者委托村委会代为经营、管理土地,并监督村委会的行为;而在承包合同中,村委会又作为发包方将土地经营权委托给组成集体的农户个体,并监督承包方对土地的合理利用。在前一种委托代理关系中,农民集体是委托人,

---

① 陈剑波. 农地制度:所有权问题还是委托代理问题? [J]. 经济研究, 2006 (7).

村委会是代理人,代理标的是土地管理权,而在后一种委托代理关系中,村委会是委托人,个体农户是代理人,代理标的是土地承包经营权。这种村民和村民委员会互为委托代理关系的身份特征往往导致村委会职能的偏离和错乱。

5.3.1.3 次级委托代理关系中的村委会

这里所讨论的次级委托代理关系指的是村委会将其职能委托给村干部执行。在村委会的决策过程中,村干部所起的作用既强大又特殊,这是因为,相对于普通的村民,村干部占有更多的信息和物质资源,因此也具有更大的谈判力和决策的影响力。如果村干部注意追求个人收入和家庭利益的最大化,以权谋私,那么其行为肯定会与法律规定的村委会职能相偏离,这也是导致集体产权虚化、农民与村委会冲突的另一重要原因。

一个有效的委托代理关系合约必须同时满足以下两个条件:参与约束和激励相容约束,前者保证了委托代理关系中外部激励机制的有效性,后者是组织内部的激励条件。这两个条件暗含了这样一层含义,即委托代理关系的有效性实际上依赖于一个能够降低代理成本的内部产权结构和一个完善的市场环境体系。而我国农地制度环境中缺乏相应的内外部激励和约束机制,导致委托代理关系严重失效,农地产权制度陷入困境。

首先,从外部市场环境来看,一方面,土地流转市场机制发育迟缓,农民失去了退出权保障机制。在农地所有权流转市场,国家垄断了土地一级市场和二级市场,农民和集体只能按照国家征地制度被动接受农地转为非农用地,转让的收益也不是按照市场价格支付。这种非市场流转的垄断性加剧了信息不对称,纵容了寻租者的勾结腐败行为,使得集体产权被架空,所有者权利被严重削弱。另一方面,在农地承包经营权流转市场,土地的流转也受到严格的法律限制,成员身份权的界定标准束缚了农户退出机制的运行,这也进一步加剧了代理人的败德行为。此外,相关法律对农地产权代理人也做出了严格的限制,《中华人民共和国土地管理法》规定:农村集体土地由农村集体经济组织和村委会经营、管理,在集体经济组织空洞化的情况下,就将村委会指定为唯一的集体土地产权代理人,即不存在代理人市场,农民集体根本没有选择其他主体代理人的权利。没有健全的农地市场,没有土地的流转,没有代理人甄选市场,也就没有了委托代理关系的退出权,也就意味着失去了对代理人机会主义行为的最后制约。

其次,从内部产权制度安排来看,农地产权主体的不明确和产权权能的模糊更加助长了代理人的机会主义行为。农村土地的终极所有者是集体农民,所有权并没有具体量化到个人,这就决定了所有权的行使具有很强的公共性。在权利操作实施过程中,这种共有的集体所有权使产权的保护处于外部性的陷阱中,进一步弱化了个体农户的所有者意识,随着个体农户数量的扩大,个体农户对所有权的保护也逐渐减弱。由于产权主体缺乏清晰的界定,对农地产权权能的行使也失去了正常的监督和保护,作为代理人的村委会获得了事实上的土地控制权,成为凌驾于农户之上的产权主体。随着个体范围的扩大,监督代理人的成本也就更加高昂,土地产权也逐渐弱化,当代理人完全摆脱委托人的监督和控制,集体产权也就被虚化了。

5.3.2 村委会风险偏好的机会主义动机

村委会对农民集体所有的财产拥有实际的控制权和决策权,但对其控制行为却不承担决策的后果。① 村委会享有的权利要远远大于其所承担

---

① 确切地说,村委会是不承担决策失误的后果,而对于盈利的分配,村委会则是很积极的。

的责任和义务,①这就决定了村委会在对集体财产进行决策时更多的是关注未来的预期收益,而不担心决策失败的风险。因为即使决策失败也很难判定是市场的原因还是代理人自身素质的问题,其后果也是由农民集体承担,因此村委会具有风险偏好的机会主义行为特征,②村委会只分享投资盈利时剩余利润的分配,而对决策失误和失败的亏损承担的责任很小,③大部分的责任都是平摊在每一个集体成员身上。普遍的现实告诉我们,由于管理不善、决策的随意性大、经营理念的陈旧、缺乏经理人远见,村委会经营决策往往以失败告终,成功只是偶然事件。而由村委会的决策失败导致的负债、亏损、集体资产的流失和缩水却成为农民集体和个体沉重的负担。

5.3.3 借土地行政性调整之机谋取私利的动机

《中华人民共和国农村土地承包法》第四条规定,对于新增人口的承包土地分配原则是"大稳定、小调整",在个别农户之间小范围适当调整,村集体经济组织可以适当留有占耕地总面积5%的机动地。但是村委会干部往往利用职权、借土地调整之契机谋取个人私利。比如,在土地调整中,缩小、隐瞒土地承包面积,随意扩大机动地的留存比例;又如,在土地发包和调整过程中,滥用职权和不对称信息对农民承包地的位置、肥沃程度等进行暗箱操作,严重影响了土地承包的公正性。集体经济组织与村委会往往是"一套人马,三块牌子",党政企并没有分开,实际操作中,村两委班子的成员往往身兼数职,在两委与集体经济组织中频繁

---

① 阿尔钦认为,"较之在私有产权制度下,在公有产权制度下的任何决策或选择的费用较少地由选择者全部承担"。按照阿尔钦的观点,村委会的这种行为不仅仅是村委会特有的行为特征,其权利与义务的不一致应该具有深刻的制度渊源,这与公有产权制度本身的缺陷是分不开的。
② 周冰,付达院.产权虚化和村委会的行为特征[J].中国社会科学(内部文稿),2009(6).
③ 充其量,村委会决策失误的责任仅仅是声誉的损失以及来自上级基层政权的压力而已。

变换职能角色，乡村干部利用职务之便，通过集体土地的实际控制权攫取私人利益已经成为公开的秘密。

5.3.4 村委会的农地非农化倾向

改革开放之后，农民集体具有了一定的经济发展自主权和财政支配权，为了在短期内实现政绩和快速发展经济，一些乡村干部千方百计地兴建形象工程，以土地换财政，农地非农化对村委会有着现实的吸引力。

第一，农地非农化为地区经济发展提供了巨额的资金支持。农地非农化过程中，非农用地的价格要远远高于农业用地的价格，这其中产生的大部分土地增值收益成为农村经济发展的储备资金。

第二，农地非农化为地区官员的形象政绩工程提供了土地和资金来源。一个地区形象的改善需要有具体的基础设施、美丽的园区环境和大型的建设工程，这些都需要一定的土地面积和巨额资金做后盾。

第三，农地非农化为地区官员和村委会成员的寻租行为提供了契机。农地非农化过程中，非农土地的转移价格、对土地用途的限制、土地的管理和审批等都成为政府官员手中权力的砝码。一些土地开发商为了获得土地开发使用价值，就会争相投机贿赂地方政府官员，甚至与集体土地代理人——村委会合谋非法占用农业用地。农地非农化的范围越广，规模越大，寻租的空间也就越大。

除了将农业用地转为非农用地之外，村委会还争相发展村办集体企业，盲目搞农业建设工程和项目，从中谋取土地租金。在农地非农化过程中，大量的土地收益都转移到城市和寻租者手中，农民丧失了基本的土地使用权，仅仅得到很少的土地补偿，只能被动接受非农化的结果，成为土地非农化的受害者。

5.3.5 一个有关村委会的案例

在农地承包经营权流转过程中,法律规定农户享有流转自主权,然而村委会却依据其合法代理人地位过度强调农户土地的流转需要经过村委会的同意和认可,有时甚至强制农户流转其承包权,并从中坐取渔翁之利,越俎代庖现象十分严重。山东省济宁市城郊接合部某 C 村的土地流转行为就充分说明了村委会成员利用权职之便谋取农地流转收益的动机。2001 年,C 村某地块 11 家农户的大约 50 亩土地同时将承包经营权转让给外地一草药种植大户。当时这一承包经营权流转行为是在 C 村村支书的带领下发生的,受让方也是村支书负责联络的,合同规定的流转期限是 30 年,流转价格为每年 800 元/亩。然而当时的流转合同内容只是村支书代表 11 家农户谈判商定的,且村支书以土地流转必须经村委会同意之名强行将承包合同留下,即 11 家农户并没有见到合同的内容,此后也没有拿到流转合同书,由于村支书在全村的强势地位,并且是否保留农地流转合同对农户收益没有太大影响,农户们没有坚持索回流转合同。然而在 2009 年,事情发生了变化,土地受让方由于经营不善终止了与 C 村的土地承包经营权流转合约,并告知了村支书,如此一来,50 多亩土地 22 年期限的经营权就被悬置了。C 村村支书并没有将此情况通知 11 家农户,而是在隐瞒实情的同时将 50 多亩土地转而承包给了第三方受让方,流转合同的变更及新的流转合同的内容农户均不得而知。后来村支书一同家族村民无意中将此消息泄露出去,同时根据可靠消息,新的流转合同中承包经营权流转价格为每年 1000 元/亩。11 家农户得知此消息后,在一名年长者的带领下去找村支书理论,要求取回承包权流转合同并与新的土地受让方直接谈判,农户的要求遭到村支书的无理拒绝。在 11 家农户的联合压力下,村支书私下找领头的年长者,并许诺按照新的

中国农村土地的制度性质

流转合同向其支付土地流转收益,至此年长者不再主动参与到与村支书的谈判纠纷中。失去了领头羊,其他的10家农户也就失去了主心骨,有的农户索性静观其变,有的农户三五一伙也只是发发牢骚,有的不服气的农户据理力争要村支书出示流转合同,结果被村支书手下的地痞流氓威吓,至此,这一村支书利用职权攫取农民土地流转收益的纠纷不了了之。初步推算一下,50亩农地按照每亩200元的额外收入计算,22年的合同期限大约涉及22万元的金额,在这一土地二次流转行为中,村支书至少牟利20万元。这种乡村社区村委会侵害农地流转自主权的现象比比皆是,巨额的流转收益甚至诱发了很多地区村委会的"占地风波"和"流转狂热"的行为倾向。

村委会成员及农村干部逐渐演变为农村的社会"精英"。细观中国农村,土地流转没有规范的操作程序,全凭村委会手中的"隐性权力"操纵,有的村干部为了达到流转土地的目的,直接把农村耕地上的作物给拔掉、铲平,强行变成建设用地,并从中偷梁换柱地截留、贪占、私分土地收益和补偿款项,将国家土地利用规划看作一纸空文。乡镇土地管理部门从中也分得一杯羹,睁一只眼闭一只眼,采取不管不问的模糊态度。村官已经逐渐演变成为腐败的高危人群,成为农村基础经济制度头上的一把"尖刀",成为威胁基层政权的一股新势力。鲍威尔森在其著作中指出,中国在土地改革中由于彻底消灭了农村社会"精英"取得了土改的胜利,而新一轮家庭联产承包责任制中正是因为政府的作用过大,导致新的农村"精英"势力很快建立,结果新土改的效果不甚明显。张跃进(2004)也认为在我国存在农村"精英"势力,他们是我国土地集体所有制度和体制内生的结果。他进一步指出,农村土地改革的成功有三个条件:第一,政府与地主阶层没有利益瓜葛;第二,获得土地的农民具有很强的独立性;第三,农村不存在新的支配农村经济文化生活的精英群体。①

村委会和村干部虽然部门不大，职位不高，然而其一举一动、一言一行直接影响着党和政府的执政形象，对农民群众产生潜移默化的作用。因此，要完善农村土地产权制度，就必须正确定位农地产权代理人——村委会的行为，将其职能严格限制在农村社会事务的管理和服务上，剥离其对农村土地的经营管理权限，同时加大对土地经营管理的监督，防止土地投机行为的发生。

---

① 张跃进. 现代化最后的情节 [M]. 合肥：安徽大学出版社，2004.

第6章
作为农地产权主体的个体农户

6.1 农户作为农地产权主体的必要性

6.1.1 农户产权主体地位的确定

我国历来是一个以"农民"为主体的农业大国,"以民为本"的儒家经典思想一直贯穿我国经济社会发展的始终。虽然两千年的传统封建制度都是以地主土地所有制为基础,但国家和地主也必须通过雇工或租佃把土地的使用权层层下放分割给个体农户,在土地上进行操作和耕种的一直都是农民,因此农民天然地拥有对土地的使用权和耕作权。马克思在他的多部论著中也提到:"人民群众是历史的创造者",同自然界进行物质交换以获取人类生存所需消费资料的也是农民。毛泽东在1936年与斯诺谈话时也谈道:"得农民者得天下,谁得到了农民群众的拥护,谁就得到了中国;而谁解决了农民的土地问题,谁就能得到农民群众的拥护。"此后邓小平"三个有利于"的原则、江泽民"三个代表"重要思想、胡锦涛"权为民所用、情为民所系、利为民所谋"的精神,无一不体现了对农民群众主体地位的重视。

我国总人口超过13亿,其中农村人口总数7.37亿,约占人口总数的56%,在改革开放的实践活动中,农民发挥了举足轻重的作用。纵观新中国农村经济建设的实践,虽然计划经济体制时期农民的权利受到限制,但是农民始终是农村经济的直接劳动者和建设者。农民主体内在的能动性及其对土地的劳动热情是农村土地承包制度得以确立和实施的直接动力,也成为我国改革开放和经济体制改革的源头。在家庭联产承包责任制下,农户以家庭为单位获取了土地的承包经营权,集体所有权与农户的使用权发生了分离,农户获得了独立经营、自主决策、自负盈亏的微观经济主体地位。农民的生产创造性和劳动积极性也得到进一步发挥,不仅解决了农民的温饱问题,也加快了农村经济的市场化、现代化进程,农民对土地的承包经营权也得到了国家法律和政策的长期肯定。

6.1.2 农业生产家庭经营的适应性

农村以家庭为基本生产单元和组织,这在人类历史上已经存在了几千年。家庭是依靠血缘关系组成的一种特殊的社会组织,家庭成员之间有着特殊的"融合"关系,这种成员之间的血缘关系保证了家庭这一社会最基层组织特殊的稳定性,具有其他任何组织无可比拟的"内聚力"。以家庭作为经济主体进行农业生产活动并不是我国特有的,也是世界各国农业生产经营的主要模式。无论是地广人稀的美国、加拿大、澳大利亚,还是人多地少的日本、荷兰,家庭经营都是它们实现农业现代化的普遍经营模式,其中家庭农场占到了美国农场总数的80%左右,在日本,家庭经营的农场也占到总数的70%。

第6章 作为农地产权主体的个体农户

虽然现代市场经济中崇尚不同生产要素之间的分工与合作,家庭在市场经济工业和商业中的经济主体地位已经基本消融,但在农业生产中家庭依然是最主要的劳动生产单位。家庭经营能够实现内部成员最合理的分工,实现最有效的管理,在劳动力配置方面,家庭经营具有很强的灵活性、连续性与稳定性,家庭成员之间固有的高度责任感与依赖性更有利于提高生产与组织效率。当今世界各国农地普遍以家庭经营为基本经营组织形式,农地家庭经营与农业现代化并不存在实质性的矛盾,家庭经营只是农业生产经营活动的组织形式,它并不排斥规模经营,相反在家庭经营的基础上完全可以实现规模经营和农业现代化。美国1985年家庭农场的平均面积为181公顷,1998年为176公顷,家庭经营方式并不一定意味着小规模生产,相反,家庭经营被实践证明是农业生产最有效率的组织形式,具有广泛的适应性和旺盛的生命力。这是因为:

首先,家庭经营能够较好地适应农业生产的基本特点。农业生产受到自然规律的影响很大,农作物的种植时间和生产过程的周期性都是不能改变或改变弹性很小的。各个生产和劳动工序不能同时进行,必须随着季节变化按照一定的程序和顺序进行操作,这就表示不能做到一个劳动力只从事一种工作。农民劳动的时间也要随着农作物生长期和收获期的交替有忙时和闲时的差别,空闲时间只能休息或进行零星的劳动,这就注定了农业生产方式很难形成工业生产中专业且标准化的分工,即使存在劳动力雇工,监督的成本也十分高昂。因此,土地位置的固定性与农作物生产、种植的特征决定了农村土地生产经营组织不可能像工业生产组织那样,以集中化、标准化的企业形式出现,农业经营的集约程度也不可能无限提高。家庭经营组织作为农村经济核算的最小单元是比较适合的。

其次,我国农村经济的发展实践证明了家庭经营是符合我国实际国情的，农业家庭经营具有现实性与长期性。由于劳动投入与产出之间的联系不是十分直接和明显，对雇佣劳动者的监督难度大、费用高，而家庭经营组织形式具有较强的自我监督实施能力。阿尔钦和德姆塞茨的团队理论认为，团队生产的问题在于监督和计量的困难，这就容易导致偷懒和搭便车等机会主义行为，降低团队的生产效率。而农业家庭经营由于实现了劳动者对自己的劳动拥有剩余索取权，而且最终参与剩余索取权分配的劳动者在"利益一体"的范围之内，这就形成了农业生产劳动者的自我激励机制和自我约束机制，使农业经济生产过程中的监督和劳动量的计量成为不必要的。此外，实行家庭经营，使劳动者和土地结合更为紧密，权、责、利更为统一，以家庭为核算单位杜绝了短期机会主义行为，因此，家庭成为农业生产环节最具效率的生产组织形式。我国的农业生产组织形式的选择过程也充分证实了家庭经营的组织形式符合我国的基本国情，从私有制为基础的家庭分散经营到公有制为基础的集体经营，再演变到现在的家庭联产承包责任制的过程，本身就是一个试错与选择的过程。农业家庭经营适应农业产业特征的内在规定，是符合我国农村实际的有效率的组织制度安排。历史证明，以家庭为经营单位的联产承包责任制的实施有利于发挥农民的主体地位作用，提高了农民的投资和生产积极性，使农业生产形势得到好转。1978年我国粮食产量近3亿吨，1984年比1978年增长了接近1/3，2008年全国粮食总产量近5.3亿吨，人均粮食占有量也从1978年的317公斤上涨到1984年的390公斤，农民家庭纯收入增长了两倍，农民生活水平明显提高。

最后，农业家庭生产能够适应多种层次的生产力发展水平。生产力的发展水平决定了农业生产的劳动组织形式，农业家庭经营组织形式具有一定的弹性，并不是一成不变的，它可以适应多种生产力层次的要求。一般而言，随着市场化水平的提高，家庭经营依次将经历单一品种经营

第6章 作为农地产权主体的个体农户

阶段、兼营扩充阶段、专业经营阶段三个阶段。在不同的市场化阶段，家庭经营的土地运作方式及组织方式也会发生不同的变化。单一品种经营阶段与专业经营阶段虽然在农产品种植、经营规模和形式上存在相似之处，但两者在本质上是不同的：前者的生产目的是为了完成上级计划目标和实现自给消费，农户家庭的联合生产方式也是国家政策和意识形态主导下强制实施的结果；而后者的生产目的带有很强的市场引导性和盈利性，农户的联合经营是通过自愿的契约合同实现的，农业生产和经营不再是农户生存而是谋利的手段。受不同的经济发展阶段和组织制度的影响，农户家庭经营的组织绩效和劳动积极性也存在很大差异。在单一品种经营阶段，由于农业生产技术水平落后，农业家庭经营的主要目标是解决温饱和生存问题，家庭经营产品比较单一，土地使用的功能也主要是从事粮食作物种植业。由于市场化、商品化水平极低，农民没有其他的收入来源，土地是农民唯一的生产资料，因此反映在土地制度上主要是均等化配置，在我国则是通过农业户籍制度按照身份成员权获得土地的承包经营权。新中国成立后的人民公社时期和土地承包初期，我国农业家庭经营方式都属于单一品种经营阶段。改革开放以后，由于市场化水平的不断提高，农民进城打工的非农就业机会增多，农民有了一定的资金积累，土地生产经营方式也不再拘泥于单一农作物种植，而是普遍兼营他业，家庭经营的生产组织形态也发生了变化。目前蓬勃发展的"公司+农户"、"市场+农户"、"合作社+农户"等组织形式就充分证明了家庭经营的生命力。因此，具有灵活性和巨大的包容性的家庭经营模式还将长期存在于农业生产中。到生产力和商品经济高度发达，农业生产技术先进的时期，农业家庭经营方式也必将演变为专业化经营、大规模机械作业阶段。届时农村生产要素的流动也是受利润最大化目标指引下的资源配置结果，土地的使用用途和农作物种植品种也会相对集中，产粮大户、蔬菜种植大户、水产养殖大户将成为农业经营的普遍模式。

6.1.3 家庭经营与适度规模经营不矛盾

农户的经营行为是与商品经济发展的特定阶段以及农业产业的经营特征相联系的,不同的市场环境和经营特征对农地经营规模的需求也各不相同。在自给自足的传统小农阶段,农村劳动力都是自己雇佣自己,这与企业雇佣工人是不同的。农户的生产能力仅限于满足生存需要,以农户家庭的需要为主,他们的生产产量也与投入水平大体持平,因此农户无须考虑劳动的边际产出是多少,同时,由于不存在转移劳动力的可能,农业劳动的机会成本等于零。因此,在农业技术落后、农业机械化水平不高的条件下,农户土地的小规模家庭经营适合农业生产的特性。然而,应该明确指出的是,农户家庭经营并不等于小规模经营,当农业生产力和市场化水平发展到一定程度时,农户可以从外部市场购买消费品,农户的劳动普遍地为了市场而生产,此时农户投入劳动的多少以及消费决策就完全等同于一个以利润最大化为目标的企业,农业集约化和规模化生产的要求就更加强烈。只是在人多地少的条件下,家庭经营的规模可以小一些,在人少地多的地区,由于相当数量的农村剩余劳动力被转移到城市从事二、三产业劳动,家庭经营的规模就可以大一些。农民家庭经营规模的大小最终将取决于地区人地比例关系的大小、农业集约化程度、农村劳动力转移数量以及农产品市场经济发育程度的状况,以家庭为经营单位并不表示一定是小规模生产方式。将家庭经营与小规模生产方式联系起来是非常片面的,将家庭经营与自给自足的小农经济联系起来也是错误的。

需要特别注意的是,农地规模经营的推行也是有条件的,目前并不是所有的地区都具备规模经营的条件。从经济效率上看,土地规模经营原则上是由土地的供求关系决定，通过市场自发形成的。在经济发达地区，由于农民非农收入提高，对土地的估价出现差异，这使土地流转成为可能，从而大规模的土地经营也随之出现；而在一个经济落后的地区，由于缺少非农就业机会，土地仍旧是农民生存的保障，因而每个农户都想得到更多的土地，对土地的调整也就成为经常状态，从而抑制了土地流转市场的发育，也难以实现土地的规模经营（姚洋，2000）。因此，在我国，农地的适度规模经营是以非农产业有相当程度的发展、农业劳动力能够实现较大规模的转移为前提条件的。如果没有二、三产业快速发展所创造的相对宽松的人地比例关系，绝大部分农业人口依然凝固在农村土地上维持基本的就业和生存，要扩大农户经营规模是不可能的。从我国目前的区域发展状况来看，二、三产业相对落后的中西部地区还不具备普遍推行农地适度规模经营的条件。不少地方无视经济发展客观规律的作用，不顾当地的实际条件，采用行政手段强行推进农地规模经营，甚至重新以集体化经营取代家庭经营，使部分农民无地可种，损害了农民的切身利益。

6.2 兼业性劳动力转移：农户家庭经营的新特点

一般来讲，兼业（The Pluralism）是指单个经济行为主体同时或交替地从事两个以上职业或行业的现象。但是，在我国，兼业农户却具有特殊的表现和意义，我国农户家庭的兼业性劳动力转移现象不仅仅指单个劳动力的兼业，更为普遍的现象是家庭的兼业，即家庭中的一部分成员劳动力转移到城市或乡镇打工获得非农收入，另一部分成员劳动力留守农村从事农业劳动和作业。目前，中国农村留守儿童数量约为5800万，[①] 65岁及以上的农村留守老人近2000万。[②]《2006年中国统计年鉴》数据显示，我国真正在土地上从事农业生产劳动的农业人口总数为33410万，转移到城市打工的人口为2亿，这部分打工者的身份依然是"农民"，但是他们多数时间并不在农业领域参加生产劳动，他们也不是完全的城市人群，因为他们会随着季节的变化以及全国经济前景的起落而有选择地退回到农村劳动，他们属于亦工亦农、非工非农的变换群体。随着经济形势的变化，这部分劳动者的身份会随之发生改变，这也就意味着农村土地经营方式也随之不断进行新的组合和优化。当经济形势好转时，大量男性年轻劳动力进城务工，老人、妇女和儿童就成为农村土地上的劳动主力大军，土地的流转也成为可能的选择，流转需求不足的地区甚至还会出现严重的撂荒、抛荒现象。当经济形势恶化时，相当一部分劳动力回乡务农，农户转出土地的意愿就会降低，而已转出的土地又可能被重新收回。这种由兼业引起的劳动力工、农业之间的身份变换显然是现代转型时期的一种失衡现象。

农村劳动力的兼业性转移现象虽然在一定程度上有助于增加农民的非农收入，提高生活水平，但是其负面影响也是显而易见的：一方面它助长了小农经济糊口农业的过密化经营现象（黄宗智，1992）；另一方面也固化了土地经营的小规模经营方式，降低了土地的相对使用效率，使得农村经济陷入纳尔逊"低水平均衡陷阱"。仔细分析农民面临的土地制

---

① http://www.tianshannet.com.cn/news/content/2009-11/20/content_4592872.htm.
② http://www.chinanews.com.cn/sh/news/2009/01-06/1515543.shtml.

第6章 作为农地产权主体的个体农户

度和农民的选择集合就会发现,农民在分散零碎的小块土地上从事农业生产并没有什么收益可言(我们在山东、天津、四川、江西等多处的调研证明农民从事粮食生产的净收益仅为 200~300 元/年)。但是如果完全放弃从事农业,就失去了生存和就业保障,而在城市打工由于没有市民身份和竞争优势,不仅不能享受城市的社会保障,较低的工资待遇使其也根本购买不起天价的城市住房,就更不用说子女的教育及未来的养老、医疗问题了。因此农民根本无法退出农村,从农户的效用最大化目标考虑,他们唯一可行的选择是在在城市打工获取收入,在农村生活和消费。因此,兼业性劳动力转移是个体农户的理性选择,但农民的这种理性也是一种无可选择的"被迫"的理性行为。

农民的兼业性劳动力转移现象增加了对土地承包经营权转让的市场供给,可以说,农村土地流转的供给正是农民兼业化进程不断深化、农村剩余劳动力进一步转移的客观结果。然而现有的家庭联产承包责任制虽然赋予了农民长期而有保障的使用权,但是农民是以集体而不是以个体的形态拥有对土地的所有权和转让权的,这就决定了对于个体农户来说土地还不具有资本性,结果农民在土地流转市场中具有强烈的转让意愿却不具备转让的权利,这就是大部分农民只能被动维持兼业的状态而无法彻底离开土地的根本原因。[①] 农民的这一兼业现象势必导致如下后果:第一,兼业户非农业收入比重的增加,会使得兼业户的农产品商业经营意识逐渐减弱,并丧失商品生产者的能力和行为,继而农业劳动生产率会进一步降低;第二,由兼业经营所引发的土地撂荒现象等粗放经营方式降低了土地的产出率;第三,兼业化经营方式不利于农村土地使

---

① 事实上,由于身份权是农民获得土地权益的依据,失去了集体成员这一身份也就意味着丧失了零成本的土地权益,因此在现有制度框架下,农民自身并没有离开土地的打算。

用权流转和土地规模经营效益的实现。

6.3 农户土地使用权流转的现实需要与困难

在产权制度的各权利项中,可交换的权利是最关键、最有效率的经济活动,也最能反映公平原则。产权的平等自愿交换不仅反映了资产的市场价值,而且能够保证各产权主体的正当权益,如果各主体之间的财产转让带有行政命令的色彩,那只会造成产权的不完整。农地产权流转制度是关于农地产权的转移、让渡的各种经济关系的总和,它主要解决农地产权的再配置问题。农地流转市场由两部分组成:一是农地所有权流转市场;二是农地使用权流转市场。农地所有权流转市场是农民集体经济组织依法向国家有偿转让农地所有权或农民集体经济组织之间转让农地所有权的市场,国家征用属于这一类型。农地使用权流转的核心和目的是实现农地资源的优化配置和农地的适度规模经营。

6.3.1 土地使用权流转的现实需要

6.3.1.1 农村剩余劳动力转移及人地比例变化要求流转农地使用权

改革开放之前,农村一般都是按照人口或人劳比例分配承包地面积。随着农村对外开放程度的不断深化,农民非农就业机会增多,导致一部分农户无力耕种土地,一部分农户不愿意继续耕种土地,由农村人口和劳动力的变化引发的人地比例矛盾为土地使用权流转提供了前提。在沿海发达地区,农民的主要收入来源于非农产业,土地对农民的生存保障

第6章 作为农地产权主体的个体农户

功能和就业保障功能下降。在中西部地区，土地的经营效益下降，进行农业生产的机会成本又相对较大，农民弃耕撂荒现象严重，也间接推动了土地使用权的流转。

6.3.1.2 农地使用权流转有利于合理配置农村土地资源

产权制度的两个基本功能就是资源配置和收入分配，通过产权各权利项的合理流动，实现农村土地、资本、技术和劳动力的优化组合。禁止或者限制农户个体土地使用权的流转，不仅抑制了农村剩余劳动力向非农产业流出，也阻碍了社会闲散资本、先进生产技术向农村的投入，结果不利于农村土地要素的优化组合，妨碍了农村土地规模经济效益的实现。众所周知，只有实行规模经营才适合农业大机械化生产方式，虽然规模经营不一定意味着农业生产的高效率，但是我国农地分散、条块分割的经营状态严重阻碍了我国农业的机械化进程和专业化发展。在我国，有很多专业种粮大户、养殖大户因为没有足够的土地面积和获得土地的途径而无法施展种植才能，同时也存在很多不擅长农业生产和转移出去的农户。允许土地使用权流转，实现土地的适当集中规模经营，对农业的机械化、科技化、专业化生产，对提高土地利用率和配置效率都具有重要意义。

6.3.2 土地使用权流转过程中遇到的困难和障碍

农村土地使用权的流转在我国早就存在，但是至今尚未建立起科学、完整、合理的流转程序和流转市场。正是因为土地流转市场发育滞后，土地流转的有形、无形市场都没有完全建立，导致土地流转的范围和规模都比较小，流转合同不规范，流转纠纷不断，这都在一定程度上影响土地使用权流转的效率。土地流转问题突出表现在：土地流转总量面积小；流转效益不高；流转不稳定、随意性强；土地撂荒现象严重；土地流转程序不规范，口头协议、私下交易比较普遍；地方基层政府利用高压手段强迫流转现象时有发生，严重侵犯了农民的土地权益等。农村土地流转不顺利的主要原因在于农村土地产权残缺，土地产权缺乏排他性和稳定性，经常遭到国家权力和政府行政管理的干预，导致农村集体土地产权的流转缺乏安全性，相关流转主体缺乏对土地的长期预期，同时也降低了农地使用权流转的交易价格，抑制了土地流转市场的完善。

6.3.2.1 土地社会保障功能的存在约束了农户的流转意愿和行为

新中国成立初期成立的农业生产合作社中，农民获得的是垄断就业的权利，这种就业就是在由其身份权获得的在集体土地上进行排他性的劳动并获得收益，不会面临被解雇的风险。由于集体成员范围具有一定的封闭性，也不必担心外来劳动者的竞争，自己的下一代也会被承诺拥有相同的权利，这实际上是以"共同权利"面目出现的土地使用权的垄断。因此最初的土地具有很强的保证农民就业和生存的社会保障功能，是农民生存的最后依赖。虽然改革开放之后，大量农村劳动力向城市转移，粮食产量大幅上涨，农民收入不断提高，温饱问题得到有效解决，土地的生存保障功能变得相对薄弱，但是土地使用权的流转市场并没有建立起来。究其原因，一方面，土地的就业功能虽然明显减弱，但是依然存在，当经济不景气或发生严重危机时，在城市失业的农民工就不得不返回农村从事农业生产经营；另一方面，土地的养老保障功能依旧存在，年老体弱的农民并不能像青壮年劳动力那样轻易获得城市就业机会，也只能留守在农村，这也减轻了年轻劳动力对老人的赡养负担，因而他们不会轻易放弃土地使用权。土地就业和养老保障功能的长期存在使得广大农户依然保留着强烈的长期持有土地使用权的意愿。

6.3.2.2 土地使用权流转市场面临高昂的交易成本

高昂的交易成本也成为制约农村土地使用权流转市场的障碍。一方面，其他产权主体对农地产权的干预给土地流转带来一定的困难。现行政策法规对农地的转让用途、转让程序进行了过多不当的限制，一部分乡村干部也常常利用对土地行政性调整的权利试图从中谋取更多的土地租金，农民流转土地面临着不菲的启动成本和游说成本。另一方面，受生活范围、土地地理位置、市场信息不完全、农地交易复杂性的限制，农户搜寻市场信息往往需要花费很大的代价。土地流转启动成本、游说成本和搜寻成本的存在增加了土地流转市场发育和壮大的困难，导致相应的土地流转市场中介机构和服务性组织没有很快建立起来。

6.3.2.3 集体土地行政性调整与个体农户土地使用权流转之间的冲突

农村集体土地实行三级所有，各级主体之间存在较为明显的层级关系，因此行政权对土地权利的干预现象也就屡见不鲜。尤其是农村集体根据人口变化对土地分配周期性的行政调整不利于农户土地使用权流转。这是因为土地行政调整制度具有强制性的特点，是一种行政性的"配给"制度，而不是一种市场交易的制度。由于存在强制性，这种调整行为不是农民的自愿交换行为，这一制度的存在与农户个体使用权流转的市场交易规则是背道而驰的。农村土地使用权的流转是建立在农民自愿基础上根据交易双方的供给和需求的意愿达成的讨价还价的结果。土地权利配置的非市场规则与市场规则并存的现象必然引起权利的寻租行为，抑制市场交易的顺利实现。农地承包经营权的行政性调整抑制土地流转市场化的原因在于：其一，作为土地市场流转的替代方式，土地行政性调整扼杀了农户因人地比例变化产生的交易性流转欲望；其二，农村集体土地低成本的行政调整降低了土地流转市场的参照价格，抑制了土地交易的供给量和供给意愿；其三，农村集体经常性的行政调整使农民的土地承包经营权具有不稳定性和不确定性，农户投资积极性下降，使土地流转预期收益相对较低；其四，集体土地行政性调整给乡村干部的寻租行为提供了活动空间。集体对土地的行政性调整制度在我国存续了近30年，成为我国农村土地制度的一个重要特征。

针对集体土地行政性调整与农户使用权流转之间的矛盾，我国政府20世纪80年代后期就开始抑制土地调整。如1984年中央1号文件规定农民土地"承包期限为15年"，鉴于不同地区承包期陆续到期，1993年又将承包期再延长30年，1998年将这一条款写入了《中华人民共和国土地管理法》，赋予农民长期而有保障的土地使用权，使这一稳定农地承包期的政策具有了法律上的强制约束力，2010年全国人大五次会议审议的物权法草案规定"土地承包期届满，由土地承包经营权人按照国家有关规定可继续承包"。国家一系列的稳定农地承包权的政策虽然在一定程度上限制了集体的行政调整权利，但从全国范围来看，由于农村社会保障体系尚未完全建立，现在全面放开土地承包经营权、宅基地使用权的转让和抵押的条件尚不成熟，两种土地权利配置的冲突和矛盾还将继续存在。

我国农村土地使用权流转困难的本质就是土地产权市场性的滞后。也就是说我国农地产权制度是一个非市场性质的制度，这种非市场性质突出地表现在：现有的农地产权关系不是平等的交换关系，农民获得土地的方式充其量只是一种"零成本"的租佃关系，说它是"零成本"是因为凡是农村集体的成员达到法定年龄都可以无偿"租得"一份土地。说它是租佃关系，是因为农民并没有任意处置、转让土地的权利，农地的所有权归集体（虽然集体的产权权能也要受到国家征地制度等的制约），农民只能享有一定期限的土地承包权，"租得"集体土地的代价除了参加劳动生产国家要求的一定产量的农作物、保障国家粮食安全之外，还被迫以较低的国家限制性价格向市场提供农产品。因此我国目前的农村土地还不是商品，其内在的产权性质是非市场关系的，这种非市场性的农民集体所有、个体承包经营的土地制度在很大程度上是国家治理农村的低成本制度安排,而不是出于发展市场经济的目的。农民并没有市场性主体地位,农民的利益也在相当程度上受到国家权力的压制,因而这一制度由始至终都具有强烈的政治和意识形态的色彩。此外,政府通过征地制度强制性地参与农村土地产权的交易,用"看得见的手"左右市场交易程序和市场价格,直接侵害了农民和集体作为土地所有者的合法权益。

6.4 个体农户产权的弱势与组织能力的缺失

6.4.1 农户个体身份与集体成员身份的二重规定性

学术界对于产权权能结构的认识虽然存在"四权结构"(所有权、使用权、占有权、支配权)、"五权结构"①(所有权、使用权、占有权、收益权、支配权)和"六权结构"②(所有权、使用权、占有权、支配权、收益权、处置权)等的差别,但是真正能够独立或者相对独立出来的经济权利③只有所有权和使用权,其他各项权利基本都是从属于所有权或使用权。根据所有权和使用权结合的形式,曹振良划分了"封闭型"和

---

① 周诚.土地经济学[M].北京:农业出版社,1989.
② 张德霖.关于我国经济体制改革与经济发展若干问题的理论思考[J].经济研究,1991(11).
③ 根据曹振良的理解,权利独立的两个条件是:独立的经济利益主体和实现其经济利益的具体形式。

中国农村土地的制度性质

"外化型"两种所有制内部结构,[①] 前者意指所有权和使用权属于同一经济利益主体,后者意指所有权和使用权分属两个独立的经济利益主体。在"封闭型"所有制结构中,所有者自己经营使用其所有的生产资料并享有全部收益;而在"外化型"所有制内部结构中,所有者按照契约规定的用途将生产资料出租给其他独立的经营者使用,其中所有权价值以租金的形式得到实现,使用者或承租者获得生产资料的使用价值。

反观我国的农村土地产权结构,由于集体拥有土地所有权、农户个体拥有土地使用权,所有权主体是使用权主体的集合,因此所有权和使用权并不同属于一个经济主体,不是"封闭型"所有制结构。个体拥有土地使用权的同时还以集体一分子的身份享有份额形式的土地所有权,集体和个体并不是独立、分割的两个主体,而是存在包含关系,从而也不属于"外化型"所有制结构,可以说我国的农村土地产权结构兼具"封闭型"和"外化型"两种所有制结构的特征。农民在行使其土地使用权的同时要受到所有权的制约,而其所拥有的份额所有权的行使也必须得到集体内其他主体的同意和允许,这就意味着无论所有权还是使用权,无论农户的成员所有者身份还是使用者身份都不具有独立性。进一步来讲,农民的份额所有权和使用权的转让权利就都不是完整的。农民的这种身份的二重规定性本质上反映了个体与集体之间不可分割和不可调和的矛盾。

6.4.2 国家权力扩张与个体农户权利的削弱

有关法治国家的两大核心观念是权利与权力。权利是人们在社会生活中的一种行为资格以及行为自由的目标、方向、程度和范围,它体现

---

① 曹振良. 改革和完善中国土地制度论纲 [J]. 南开经济研究, 1994 (1).

第6章 作为农地产权主体的个体农户

了人的自主性和主体性（何自荣，2008）。而权力是个人、集团或国家将其意志强加于其他主体以及控制、操纵、影响他人行为的能力（麦克尼尔，1994）。二者的应然关系应是权利是权力的本源，权力的主要职能是保护权利的实现。然而，在我国二者的实然状态却是权利与权力关系的倒置，权利观念淡薄而权力得到膨胀以至侵害权利的实现过程，剥夺了主体权利的自由度和选择集合。我国农民土地产权的弱质性就是国家权力膨胀的结果。

新中国成立初期的土地改革运动赋予个体农户土地所有权，然而从第4章表4.1中及此后的合作化进程中可见，正是由于国家权力对农村土地产权的一步步渗透，形成了集体经济。在互助组阶段，国家并没有剥夺农民的土地所有权，仅仅是在自愿的原则下倡导联合劳动，即使到了初级农业社阶段，国家也在法律上保留了农民的土地所有权，只是以土地入股的形式联合土地等其他生产资料。这两个阶段都没有改变农民实际上的土地所有权，而只是对农地的使用权和收益权进行了某种程度的限制，从理论上来讲，是国家导致了农民土地使用权的"残缺"。到了高级农业社阶段，集体经济的形成则完全消灭了农民的土地所有权，形成了集体所有权。集体产权的形成无论从经济意义层面，还是从法律层面都彻底剥夺了农民的土地所有权，同时还削弱了农民的经营权和使用权，集体产权消灭了农民的土地分红，仅仅保留了农民的部分劳动收益权。人民公社形成以后，在农业生产经营、劳动中实行了大规模的公有化，大搞平均主义一锅饭，高度集中的政社合一体制得以确立，农民的劳动与报酬脱钩，丧失了生产积极性，农业产量急剧下滑，农业生产产量的退却与大范围的农民饥荒最终导致农村基本经营制度的改革。

伴随着家庭承包经营制度的确立，人民公社制度也随之瓦解。国家权力在农村社会管理体制、生产组织结构和形态方面逐渐淡出了直接参与农业经营的主体身份,然而对农地使用用途及产权转让的管理规划和控制依然深刻影响着土地的终极处置权。国家在土地上的行政管理权使其具有土地产权主体的行事特征,也在某种程度上影响着农户与集体间所缔结的土地承包合约的稳定性。农户个体产权选择集合的局限以及集体的权利没有相应的组织承接,这才是引发中国农村经济组织结构内在问题的真正原因。现阶段,我国集体代理人村委会的政治职能压倒了经济使命,使得集体经济既不是一个经济主体和利润中心,也不具有完备的合作性质和优势。结果致使分散的农户只得孤立地面对市场压力,农业经营失去了生产管理绩效和规模经营效益,也无法完成对传统农业的现代化改造,反而要持续地承受市场和行政权力对农业生产经营的双重体制性困扰。

新中国成立 60 多年的制度变迁虽然短暂,但围绕着农村土地这一生产资料,国家、集体、集体代理人、农户多方主体权利的变化让我国农村经济制度的制度性质展现得淋漓尽致。集体产权形成的过程及其权利的获得都是建立在国家的授权以及国家与合作社的分权之上,国家有意识地培育合作社的独立身份,赋予其相应的财产和组织权利,承认集体产权本身及其权利的合法性。而集体产权在国家权力的保护和笼罩下,有自己的财产和管辖范围,并承担国家交给的征税和控制社会的治理任务。至此,国家与集体产权之间相互依赖的契约关系形成了,可以说如果没有国家权力做后盾,就没有集体产权及其组织形态的存在。在国家与集体的契约建立的过程中,集体产权经历了从无到有、从小到大的不断扩张的过程,集体产权的扩张是以牺牲农户个体对土地等主要生产资料的所有权和占有权为标志的。而农民本身获取土地的过程就不是市场自发交易的过程,是国家平分土地的结果,在这场土地私有化运动中,国家意志早已渗入农村土地产权。因此,当国家意志改变时,农民的主

第6章 作为农地产权主体的个体农户

体地位也就随之改变。由中国共产党领导的农业合作化运动的最终目的是实现工业化,在农业合作化名义下的土地改革运动实质上是国家意志及国家政权在农村经济社会中的深化和体现。因此集体所有制及集体产权的形成过程除了具有经济含义之外,集体还责无旁贷地承担起国家的政治和社会责任。从新中国成立初期农产品的生产和流通过程来看,农产品生产前的过程,包括经营决策、农作物种植的规模和品种、农资的购买都是按照国家计划由集体组织统一管理的,生产过程是由集体组织农民共同劳动完成的,而生产后的销售和分配过程又是由国家和集体统一分配的。首先表现为1953年的统购统销政策,其次表现为农产品的分配制度,最后表现为农村人口的限制流动及消费品的获取方式。这些政策在保障国家快速工业化所需建设资金的同时,也在农村经济领域出现了切实代表国家管理职能的集体产权主体及其代理人。这种既代(农民)为管理集体财产又代(政府)为管理社区行政的双重身份即造就了今天的村委会"精英"群体及其行为特征。当以村委会为代理人的集体产权更多地履行其政治职能或片面追求个体利益的时候,代理人就很容易偏离集体的经济目标,此时就会导致集体产权弱化甚至虚化。此时,以村委会作为集体土地产权代理人与作为生产经营者的农户在目标上存在内在的矛盾,这一矛盾就使得基层政府的政治职能和权力与利润最大化的农户的经济目标之间始终处于对土地剩余的分割博弈中,最终生产剩余的分配比例就是基于权力的大小。

通过以上分析可知,从农民土地私有到互助组、初级社、高级社、人民公社、家庭联产承包的农村土地产权制度演变,最初具有中央政府推动的强制性制度变迁特征,而后转变为地方政府和地方基层自治组织的中间扩散型特征。集体产权的产生是由于国家政治权力改变农村财产关系并积累农业经济剩余的结果,集体产权的削弱及其与农户个体承包权的分离，又是国家在权利压力下调整农村经济关系的产物。现在我们所看到的国家、集体、集体经济组织和村委会、个体农户多元产权主体的土地产权结构都是由产权改革初始的主体地位决定的，有什么样的权力配置结构就对应什么样的产权权能结构，如果初始的权力分配不合理，产权的权利也就得不到实现，那么再清晰界定的产权主体也是枉然。因此，从本质上说，产权关系是由各行为主体在社会中的权力地位和大小决定的，它是生产关系的外在表现形式，只有改变不合理的权力配置，才能实现产权结构的权利平衡，农户个体及集体的经济利益也才能得到实现。

6.4.3 农民的弱势处境与组织能力的缺失

当前，我国的农业产业化有了一定的发展，各种新型的农村经济组织，如市场+农户、公司+农户、合作社+农户的实体也纷纷成长起来，但是这些经济组织并不能够真正代表农民的利益，它们充其量只是利润最大化的新型企业组织形式，与农户之间的关系只是简单的、松散的市场买卖关系，且这种关系也并不十分稳定。当市场经济不景气，各种中介组织遭受市场风险和损失时，它们就会千方百计地将风险转移到农民身上，与各种龙头企业和中介组织相比较，农民只是分散的、单个的个体农户，他们缺乏与中介组织谈判和讨价还价的信息、技巧和素质，也不具备成为市场主体的行为能力，因而在市场经济中处于被动的弱势地位。

农民当前的弱势处境归根结底是由于农民思想、文化、权力以及组织制度的深层结构的缺陷。在我国广大农村，由于历史和现实的原因，农民的科学文化水平和劳动力素质低下，法律民主意识淡薄，产权自主性的意识形态相对薄弱，市场观念和竞争意识长期匮乏。面临市场化和农业产业化的转型背景，分散经营的小农户作业方式不仅不具备产品规

第6章 作为农地产权主体的个体农户

模效应,农民的成果也无法体现劳动支付和商品价值,农户市场主体地位和谈判能力缺失,其弱势地位短期内难以改变。

国家权力的有限承诺使得个体谈判的能力和结果远远偏离帕累托最优的结果。纵观英国光荣革命以后的宪政制度变迁、中世纪欧洲的商会组织、美国维护市场结构的联邦制,在协调权力的制度结构中能够有效地约束国家权力的只有集体行动的组织。西方社会各阶层在遭遇社会或政策上的不公平待遇时往往能够通过代表其利益的组织向社会传达自己的意志和利益需求。当存在这样一个组织的时候,个体的行动才能统一和协调进而形成约束统治者权力的有效制约,将权力引向保护产权和权利的正确轨道。相比之下,在我国,农民始终以分散的、孤立的个体形态面对其他利益群体,他们的利益一致性并未使其形成组织化的联合,这就自然导致农民在市场参与和意志表达上的"结构性利益缺席"。要改变农民经济上的弱势地位,可供借鉴的途径就是成立真正代表农民利益的新型经济组织和农业服务机构,并通过这种组织化、制度化的利益表达机制让农民参与到市场博弈中来,在相对平衡和协调的权利关系中充分表达农民的发展诉求。

第7章
多元农地产权主体制度下的均衡分析
——基于土地流转交易合约的理论框架

　　合约也是一种制度安排或组织形式，是在交换中对某一特定条款的议定。把不同所有者的资源联合起来进行生产，就必须通过合约部分或完全地转让产权。几种不同所有者的自愿联合就需要他们通过谈判并缔结合约条款来规定参与者之间利用资源的方式以及分享"合作剩余"的比例。合约条款的设计目的在于使竞争约束下的所有资源报酬达到最大化。假设不存在交易成本，每种资源的使用与边际相等原理一致。而在产权和交易成本约束下，合约是不完全的，但这并不意味着不完全合约在经济上的无效率。每一种合约安排，其交易成本都不相同。交易成本之所以不同，是因为投入与产出的物理属性不同、制度安排不同，并且不同的合约条款要求在合约执行与合约的谈判中付出的努力不同。

　　在我国的农业产业化过程中，农民个体与企业之间存在着大量的有关土地使用权流转的合约安排。在这些合约安排中，有关土地的转让费用的大小、对土地等要素的使用及其他要素的投入的限制、农民与企业如何分配土地收益等问题，都进行了详细的规定。不同的合约安排就形成了不同的农业产业化经济组织。同时，作为土地资源所有权代表的地方政府以其政策或行政规定构成了土地交易的约束条件，但地方政府在一系列的土地交易活动中又是签约人。这种双重身份使中国的土地合约深刻影响了地产合约与农业产业化的内在关系及其互馈机制,进而影响到中国农业产业化的演进路径。本章着重考察了农业产业化中的土地合约形成的影响因素,研究了地方政府在其中的作用,并就此问题建立了理论模型。

7.1 模型假定与命题假说

在建立理论框架之前,首先对行为主体的行为做出以下假设:

第一,农户具有一定集体行动的觉悟性;

第二,地方政府和开发商具有勾结的机会主义倾向;

第三,经济人假设(包括地方政府官员的经济人假设)。

对假设的说明:第一是关于领悟能力的一个假定,各种经济人(主要是分散农户)签订合约时考虑周全并能借助组织的力量来解决。第二是指在各种合约安排中出现的投机、自私、自利、撒谎、欺骗、违约和服从等行为。这些行为加大了制度成本。第三是不论何时,只要个人或组织察觉到某种行动能增加他们经济利益,他们就会采取行动。

前述分析已经告诉我们:产权界定的不完善会导致租金的消散,产生帕累托无效率的结果。那么,为什么我国会选择这种残缺的土地产权结构呢?既然一系列的三农问题都与我国土地产权的残缺有关,那么其长久存在的理由何在?这恐怕要从历史演进的角度来讨论。我国的土地产权制度的演进经历了从"土地改革"中的"分田分地",到互助合作社

第 7 章 多元农地产权主体制度下的均衡分析

中的土地的"协作经营",再到农村人民公社的"集体经营",最后是 20 世纪 80 年代的农户分散经营等诸多阶段。从历史的视角来看,实际上是从农民土地所有制到国家集体所有,最后又回归到包产到户。这似乎是一种形式上的倒退,但它却是以一种改革的方式出现的。土地产权的公有或私有并不是问题的全部,因为要达到完全公有或者私有产权都不具有可操作性。我国目前的农村问题,不单纯是土地产权问题,还涉及农村的经济组织与政治组织的错位、重叠以及集体产权与集体经济组织两者严重的不对应、不对称、不匹配等诸多问题。在我国,集体、农民是土地的所有者,农民通过签约的方式取得土地的用益权,他是以"小我"同"大我"签约。因此农民既是承包人、签约人,同时又是土地的所有者之一,但是以整体的方式与别的人一起成为集体土地的所有者。问题的不同就体现在这里。历史上的租地合约中,不管是固定工资合约、定额租约还是分成租佃合约,地主是利润中心与结算中心,农户同样也是利润中心与结算中心,因此他们都会从各自经济目标出发来达成合约。而现阶段,由于缺乏相应的集体经济组织或者合作经济组织与现有的土地集体所有制相对应或相匹配,使得集体经济缺乏必要的利润中心与结算中心,农户反而成了结算中心与利润中心。结果是其目标的多元化,许多情况下是非经济的,其中掺杂了许多官员自身的效用目标,表现在地产交易方面,他们总是利用所掌握的信息优势,与开发商的人格化关系而谋取个人收益,从而使得开发商在取得地产时并没有给予农户足额的补偿。① 这主要是因为集体经济组织缺失和组织失灵造成的。组织失灵的后果使得集

---

① 要注意,由于农户只是集体产权的共同所有者的一分子,农户不可能也不应该拿到土地交易的所有剩余。被征地农户应该拿到的是土地补偿费、安置费、地上物补偿费(又称青苗费)的折现值的总和,再加上被征地后的社会保障费用。此外,农户还理应享受土地交易剩余中用于公共积累的那一部分。

体产权主体事实上处于虚置状态,被悬空了。这就让地方政府的行政权力钻了组织缺失的空子,使其走向前台代表集体行使这部分权利,以集体经济组织自居。地方政府可以在某些特定的情况下征用土地,批地批租。在这种情况下,政府不仅行使所有权,同时也几乎行使全部的转让权。政府及其官员也就瓜分了一部分本应属于农户的土地转让收益。因此我们有:

命题一 我国现有的农村土地所有权制度,由于集体经济组织失灵的原因,使得农户和地方政府共同行使产权,实际上导致了土地交易市场中政府介入的必然性,也即不完全的土地市场形成的根源。一旦地方政府介入土地交易市场,市场的不完全性就成了土地合约中的一个约束条件。

在走集约型农业产业化、规模经营的道路上,土地开发商们就不得不进入到一种既与单个农户,又与政府的博弈过程中。此时政府的行为就成了该博弈中非常重要的一环。因为农民作为弱势群体很难集合起来达成统一的行动(除非集体行动所获得的收益大于集体行动的成本),谁能影响政府的行为便能获得该博弈的主动权。然而,在什么时候,什么情况下,谁会去影响政府的行为,这些都要取决于土地开发商、农户、地方政府及其成员自身行动时对其成本和收益的衡量。当行为主体行动的收益大于行动的成本时,行为主体就是积极的主动者;反之,则是消极地放弃该项权力。博弈的结果就产生了诸多不一样的合约结构,这类土地合约会以不同的组织形态为载体而一一表现出来。由此,我们得出有关土地合约结构的第二个命题:

命题二 在不完全的土地市场中,土地合约的形式也即不同的农村经济组织的形成取决于土地开发商的寻租行为和分散农户对自身权力的维护这二者的力量作用的均衡结果。地方政府的中间作用就成了该项博弈的约束条件。

国家、地方政府作为土地的所有者，意味着政府享有农村土地的权利，且政府在土地征用中往往处于垄断地位。实际上，政府经常以较低的价格征用土地，①这就会激发厂商的用地欲望。厂商出于对利润的追求，便会通过地方政府征收得到土地，而不是在土地市场上进行交易，这就会使土地市场流转机制根本无法发挥作用。这样，非公益性质的征地剥夺了农户的土地使用权并给予农户较少的补偿，用地单位和地方政府则分享了这部分土地增值收益。结果，由于地方政府介入土地交易市场，土地交易主体就不仅仅是通过完全竞争市场的土地价格来最大化他们的收入，人们更多地会利用关系、权力、地位或者别的东西来竞争，以此争夺土地产权残缺而带来的许多"无主租金"，市场竞争就演变成一种"个性特征的竞争"。

7.2 理论框架

下面我们就分别考察农户、土地开发商、地方政府的行为特征。

7.2.1 农户的行为分析

要搞大规模的产业化经营，需要将一个个分散的农户的土地、劳动力等生产要素与企业的资金和企业家精神相结合。这种结合一般有两种

---

① 钱忠好. 土地征用：均衡与非均衡 [J]. 管理世界，2004（12）：50-59.

方式：一种是农户与企业家进行土地承包权的转让，农民按照转让期内对土地价值的预期收取一次性租金；另一种是农民以土地入股企业，随土地贡献的大小收取土地股息，同时农户成为企业的员工，按劳动量获得工资收入。当土地与资金以第一种方式结合时，农户关注的仅仅是所得到的转让费用的多少，由于土地转让之后农民生活保障持续性问题不属于交易过程本身，故本节不予考虑。当以第二种方式结合时，与农民利益相关的除了每年土地股息的贴现值以外，还包括农民的工资水平。故而我们可以构造农户的效用函数如下：

$U_1 = f(G, W)$

其中，G 表示土地转让价值的贴现值，W 表示农民的工资水平，当以第一种方式结合时，规定 W = 0。很显然，U_1 是 G 与 W 的增函数。获得的土地转让收益越大，农户的工资越高，其效用越大。

7.2.2 土地开发商的行为分析

土地开发商的唯一目的是尽可能地从土地交易中获得最大收益，这可以用土地转让费用的最小化来表示。在这场交易中，土地开发商面临两种选择：要么直接通过市场竞争以市场价格获得农户的土地；要么假借政府行政权力之手强行获得对农民土地的使用权，这一方面可以排除竞争对手对土地的竞争，另一方面可以支付较低的土地转让费用，但同时企业要付出一定的精力或成本来说服地方政府及其官员。因此，土地开发商的效用函数可以表示为：

$U_2 = f(G, W, T, Y)$

其中，T 表示土地开发商为了影响地方政府的决策并能够以较低的成本获得土地而乐意花费的成本，T 的大小将影响到 G，因此 G 是 T 的函数；Y 表示土地所能带来的未来收益的现值，它是由土地开发商对土地

第7章 多元农地产权主体制度下的均衡分析

价值的预期。在我国,大规模土地的转让必须经得政府的批准,因此企业通过地方政府的行政权力不仅能够轻而易举地获得土地,而且成本也比较低。因此真正能够按照土地的市场价格转让的现象较少。

7.2.3 地方政府的行为分析

随着政治经济体制改革的深入进行,地方政府和乡村干部自主性增强,其自身利益逐渐凸显。他们在日益市场化的过程中逐步由传统意义上的村干部转变为现代意义上的经济人,其行为决策首要考虑的不是当地的经济发展和社会的公正性,而是如何最大化自己的权利,并运用手中掌握的权利为自身或其所在的小团体谋求经济利益。这样腐败和寻租行为便有增无减,农民要争取在土地交易市场中的正当权益,就必须支付不菲的游说成本。

周冰(2006)用地方政府行为企业化来解释地方政府的行为,他假定地方政府将本地区的经济目标放在首位,作为决定性、压倒性的目标,也即地方"发展最大化"的假设。① 这种假设在将地方政府与中央政府相对应时具有一定的解释性和说服力。对于基层政府,这种假设所引出的理论分析对现实情况的解释能力就显得不足了。因此本书用地方政府的经济人假设来代替政府行为的企业化假设,以此来解释地方政府内部的行为。即在不危及自身统治安全的前提下,涉及本地区内部利益分配关系时,地方政府以自身收益的最大化为目标,也就是追求最大的个人收入。因为地方政府的决策是由若干个地方官员协商做出的,地方官员作为经济人所追求的就是个人的收益。地方政府的效用函数可以这样表述:

$U_3 = f(G, T, S)$

---

① 此为周冰教授未公开发表著作。

在土地开发商的效用函数中，T表示土地开发商为了影响地方政府的决策并能够以较低的成本获得土地而乐意花费在地方政府上的成本，因此，T也构成地方政府从土地开发商那里得到的好处；S表示地方政府的政治风险。地方政府的政治风险很大程度上来自于农民的压力，因为一旦地方政府的官员按照最大化自身的经济收益（目标）进行决策，强制土地交易并规定转让费用的大小，就会损害农民的利益，进而引发农民的不满，甚至会导致农民的暴力反抗。因此S受农民反抗行为的影响，是农民的行动的努力程度的函数，即$S = S(t)$，其中，t表示农民形成集体一致行动的成本。$S(t)$可能为正，也可能为负。当地方政府切实代表广大农民的利益并为农民利益的实现做出努力时，广大的农民群众肯定会维护地方政府，反之，农民就会被迫结成反抗团体，给地方政府施加压力。因此，农民是否能够达成集体一致行动，在信念上给予政府一定的压力，也会影响到农民的切身利益，也就是影响G的取值的大小。故而农户的效用函数$U_1 = f(G, W)$可以改写为：

$U_1 = f(G, W, t)$

地方政府作为土地的所有者，必定享有一部分土地转让所带来的收益，获得一定比例的土地转让收益。令该比例为θ（其中，$1 > θ > 0$），则农户只能取得$1 - θ$比例的土地转让收益。

由上述分析，我们可以建立一个在地方政府约束条件下，由农户和土地开发商参与其中的有关土地转让的两主体博弈模型：①

---

① 此处先假设t和T是相互独立的。

第7章 多元农地产权主体制度下的均衡分析

$$\begin{cases} U_1 = (1-\theta)G(T, t) - \alpha t + W \\ U_2 = Y - \beta T - G(T, t) - W \\ s.t. \quad \theta G(T, t) + T - s(t) \geq 0 \end{cases}$$

其中，第一、第二个公式分别表示农户和土地开发商的效用函数，农户的效用与所获得的土地转让收益成正比，与达成集体行动的努力成反比。土地开发商的效用与土地转让收益的大小成反比，与游说地方政府及其官员的成本成反比，因为土地开发商参与到与地方政府有关的博弈中的目的就是为了支付较少的土地转让费用，（其中，$1 > \alpha > 0$、$1 > \beta > 0$ 分别表示参与人行动的影响弹性）。第三个公式表示地方政府的效用函数，地方政府作为土地的所有者代表，本身获得一定比例的土地转让收益，同时又暗地里收受土地开发商的贿赂，这些都增大了地方政府的预期效用，但是广大农民群众的集体抵抗行为又在一定程度上抑制了地方政府与土地开发商的勾结串谋行为，给地方政府当局一定的政治统治压力，因此，地方政府的效用函数与农民群众集体行动的努力成反比。此外，由于地方政府只是作为约束条件参与博弈，其本身并不是博弈的积极行动主体，追求利润最大化的地方政府将会使第三个公式取等号。故模型变为：

$$\begin{cases} U_1 = (1-\theta)G(T, t) - \alpha t + W \\ U_2 = Y - \beta T - G(T, t) - W \\ s.t. \theta G(T, t) + T = s(t) \end{cases}$$

下面开始求解该博弈的均衡条件。对第一个和第二个效用函数分别构造拉格朗日方程并分别对 t、T 求一阶导数可得：

$$L'_{1_t} = (1-\theta)G'_t(T, t) - \alpha + \lambda_1 \theta G'_t(T, t) - \lambda_1 s'(t) = 0$$

$$L'_{2_T} = -\beta - G'_T(T, t) + \lambda_2 \theta G'_T(T, t) + \lambda_2 = 0$$

整理后得到：

$$G'_t = \frac{\alpha}{1-\theta}$$

$$G'_T = \frac{\beta - \lambda_2}{\lambda_2 \theta - 1}$$

G'_t式表明农民进行集体行动的努力程度对土地转让收益的影响,由$1>\theta>0$,$\alpha>0$可得$G'_t = \frac{\alpha}{1-\theta} > 0$,其经济意义表示农户集体意识越强,进行维护自身利益的集体行动影响越大,从土地开发商那里得到的土地转让收益越大。因此,农户必须积极投入到该集体行动当中并使该行动充分发挥影响力,才能保证自身的正当权益不受侵犯。

G'_T式中由于θ、β、λ三者之间的大小关系不能准确判定,因此$G'_T = \frac{\beta - \lambda_2}{\lambda_2 \theta - 1}$的值也不能确定,其经济意义可以解释为土地开发商为说服地方政府及其官员所进行的贿赂等投入对土地转让收益的影响不是单调的。按照以往的现实经验,我们知道,在有关土地合约的博弈的初期,土地开发商贿赂地方政府的行为可以降低土地转让费用,但是这种影响并不是单一的。这是因为:一方面,政府不可能为了得到土地开发商的贿赂而无限度地强制压低土地转让费用,因为政府也是土地的所有者,也将取得一定比例的转让费用;另一方面,农户的抵制和反抗也会使地方政府及其官员和土地开发商的勾结谋利行为不能肆无忌惮地进行,因为地方政府能够具有此种特权的基础就是对当地的合法统治,如果丧失了最基本的统治权,其他利益也无从实现。这也从相反的方面证明了农户集体行动机制的重要性。

接下来我们再考虑t和T不独立的情况。此时t将会受到T的影响,因为随着土地开发商与地方政府串谋的加剧,农户不会一味容忍自己的利益被侵害,他们首先会通过合法渠道积极寻求上级单位出面解决。当

第7章 多元农地产权主体制度下的均衡分析

合法渠道得不到合理有效的效果时,农户就会被迫联合起来反抗地方政府,对农民的盘剥越严重,农民的抵抗情绪就越强烈。而土地开发商对当地政府的贿赂类似生产行为中的沉没成本,是不可能再收回来的,且面对农民的强烈反抗,厂商和政府的勾结行为也会被迫收敛,因此假设T不受t的影响。

同样,按照上述方法构造拉格朗日函数并分别对t、T求导数可得:

$$L'_{1_t} = (1-\theta)G'_t(T, t) - \alpha + \lambda_1\theta G'_t(T, t) - \lambda_1 s'(t) = 0$$

$$L'_{2_T} = -\beta - (G'_T + G'_t t'_T) + \lambda_2\theta(G'_T + G'_t t'_T) + \lambda_2 - \lambda_2 s'(t)t'_T = 0$$

整理后得到:

$$t'_T = \frac{1-\theta}{\alpha}(\lambda_2 - \beta + (\lambda_2\theta - 1)G'_t)$$

由前面的结论可知,$\lambda_2 - \beta + (\lambda_2\theta - 1)G'_t > 0$,$1 > \theta > 0$,$\alpha > 0$,故 $t'_T > 0$,其经济意义为:厂商游说地方政府的数额越大,土地转让费用就越低,农户会更加积极地投身于抵抗厂商与地方政府串谋的集体行动中。

通过建立数学模型来分析我国农村土地交易市场,我们进一步证明了命题二中的观点,即我国农村土地交易市场是在地方政府管制的约束条件下,由广大的农民群众和土地开发商的博弈产生的均衡结果。其中,地方政府对土地转让价值强制性的管制导致不完全的土地交易市场的存在,这就构成了交易主体面临的约束条件。在不完全市场的约束条件下,地方政府与土地开发商很容易达成共谋的一致性,分散的农户就处于不利的市场地位,要切实维护自身的正当权益,广大的农民群众必须联合起来形成集体的力量,才能发出巨大的呼声。

7.3 分析与思考

由于历史的原因，在我国，国家、集体和个人共同拥有农村土地的所有权，因此土地产权也就分割为不同的经济主体行使，具体来说，就是国家和集体拥有土地的转让权，农民个人拥有土地的使用权和经营权，农民并不拥有排他性的土地权利。土地产权归属界定不清晰，集体产权主体"组织失灵"，作为集体产权代表的地方政府也就参与到土地产权流转的市场交易中，一旦地方政府介入到土地产权交易中，土地交易市场就不再是完全竞争的市场，土地交易也就演变成"个性特征的竞争"。在我国经济转型的进程中，地方政府手中掌握着相当大的一部分配置资源的公共权力，这就导致有些私有财产试图通过利用政府手中对稀缺资源的配置权利来谋取个人或小团体的私利。当面对私人金钱的利诱时，地方政府如何行事就成为土地交易市场中一个不可忽视的约束条件。如果地方政府一切以农民利益为重，以地区经济发展为己任，就会充分发挥市场经济的高效率，农民也会从中得利，同时也有利于地方政府在统治上的稳定性。相反，如果地方政府一味谋求个人的私利，弃广大农民的利益于不顾，势必导致农民的暴力反抗。这时，被征土地的价格或者土地合约的结构就取决于土地开发商和分散农户力量大小的博弈均衡结果。因此，地方政府的行为态度如何直接形成土地交易市场上两种截然不同的竞争环境。由于地方政府与土地开发商串谋的概率比较大，农民就处于弱势群体的地位。

第7章 多元农地产权主体制度下的均衡分析

农民自发的集体行动是防止其权益受到侵害的有效的制衡机制，但是仅靠农民的自发行为是远远不够的，并不能从根本上解决问题。问题的关键是产权残缺、"组织失灵"所引发的不完全的市场体制，因此努力的方向应该放在建立完善的市场体制上面，应该着眼于土地产权权利的清晰界定。具体来说，就是建立符合集体经济利益的合作经济组织及配套的执行与监督机制，弥补缺失的集体产权主体，取消地方政府在土地交易市场上的垄断权力，割断地方政府与土地开发商之间土地供求关系的利益链，并将政府征收土地的范围严格限制在土地的"公共使用"领域内，将农用土地转商业用地的转让权下放到农民手中。这样土地开发商就不能再假借政府之手获得土地，他们只能直接与真正的农村土地所有者对话，按照市场交易规则与农民讨价还价。

我国市场的不完善，很多是过渡性的状态或者转轨造成的。在由计划经济体制向市场经济体制转型的过程中，制度创新主体压根不知道正确的制度到底是什么，那就要试错，就采取一些稳定的或者稳妥的策略。这样一来，我们的制度就是一种过渡性的制度，是一种过渡性的"杂种"。[①] 我们的市场也就带有过渡性和转轨性，因此也就不完全、不完善。从根本上看，我国的社会主义市场经济体制还不完善，政府和市场作用的边界还未完全搞清楚，政府还没有从经济体制层面缩手放权，这就导致在协调经济运行的体制中存在这样一种现象：一方面，市场价格作为基础或标准调控资源的配置；另一方面，地方政府依靠行政权力干预其中。当二者相互摩擦时，究竟哪一种力量起主导作用，取决于农户、土地开发商、地方政府这三者的谈判能力的大小。

---

① 樊纲，陈瑜. "过渡性杂种"：中国乡镇企业的发展及制度转型. 转自中国奇迹：回顾与展望[M]. 北京：北京大学出版社, 2006.

第 8 章
我国农村土地产权制度改革案例分析

党的十七届三中全会明确提出要"促进公共资源在城乡之间均衡配置、生产要素在城乡之间自由流动，推动城乡经济社会发展融合"。十八届三中全会进一步提出要"建立城乡统一的建设用地市场。在符合规划和用途管制前提下，允许农村集体经营性建设用地出让、租赁、入股，实行与国有土地同等入市、同权同价"。现阶段，加快城乡一体化进程、推进农村经济改革的关键是促进城乡要素的双向流动和互补，通过城乡要素市场的一体化实现城乡共享文明，它同时要求城乡统一规划，打破城乡分割的体制和政策，以实现城乡经济、社会、环境的和谐发展。为此，全国各地都在积极探索实现城乡一体化的有效途径。有些地方，如成都市、重庆市、武汉市、天津市、河南沁阳、山东滕州等地，从本地区的实际情况出发，积累经验，创造了土地流转新模式。各地的实践证明，建立城乡统一的农村产权交易市场，促进农村生产要素合理流动，能够广泛地吸引社会资本投向农村和农业，提高农村资产的资本化程度，符合党的十八届三中全会精神，是市场经济发展的必然要求，对于进一步繁荣农村经济，增加农民收入，深化农村产权制度改革，解放和发展农村生产力具有重大意义。本章就依据笔者实践调研的经历，以四川省成都市农村产权交易所、天津市宅基地换房、天津市泰华枣业合作社、山东省寿光蔬菜批发市场、山东省征地区片综合地价改革等为案例，分析未来我国农村土地产权制度改革的方向、趋势及存在的问题。

8.1 成都市农村产权交易所

8.1.1 成都市农村产权交易所概况

2003年以来，成都市深入实施城乡统筹的科学发展战略，经过五年的发展实践，初步走出了一条符合成都实际的科学发展之路，形成了城乡同发展共繁荣的良好局面。2008年，成都市市委、市政府按照党的十七大关于深化农村综合改革的要求，在统筹城乡发展已有成果的基础上，做出了推进农村产权制度改革的重大战略部署，将建立符合市场经济规律的归属清晰、权责明确、保护严格、流转顺畅的现代农村产权制度作为农村产权制度改革的核心，积极构建农村市场经济的微观基础，建立和完善农村市场经济体制，提高农村的市场化程度。两年来，成都市农村产权制度不断进行改革探索，实行了许多创新举措，在农村土地的确权、颁证工作等重要环节取得了初步成效。成都市农村产权交易所就是在成都市城乡统筹发展战略背景下探索出的农村土地产权流转新模式。

成都市农村产权交易所（简称农交所）依托于成都市联合产权交易所而组建，是经成都市人民政府批准成立的全国首家农村产权综合性市场交易所，其主要业务是农村产权流转信息发布以及组织农村产权交易过程。该所成立于 2008 年 10 月 13 日，除了成都市农交所，还在各区（市）县成立了农村产权流转交易服务中心，农交所下设市场拓展部、信息部、财务部、行政部、风险控制部，交易所的交易范围包括林权、土地承包经营权、农村房屋产权、集体建设用地使用权、农业科技应用和转化、农业类知识产权、农村经济组织股权、其他农村产权流转以及为农业产业化投融资提供专业服务等。农交所的交易标的是一种权属，是农村经营权在一定时间期限内的让渡。在农交所揭牌当天，就现场签订了 12 个项目，流转土地面积约两万亩，其中包括三个集体建设用地使用权流转项目，流转面积大约 150 亩。

农村产权流转是农村产权制度改革、实现农村资产资本化的核心环节。建立统一的农村产权交易市场平台，对于进一步深化农村改革，实现农村产权流转，完善市场化资源配置机制，提高农村资产资本化程度，解放和发展农村生产力，增加农民收入，推进体制机制的创新，统筹城乡协调发展都具有重大意义。成都市农交所的成立为推动农村产权的合理流转，吸引社会资本投向农村，促进农村资本的有序流转，发展现代农业，繁荣农村经济提供了有效的平台。

8.1.2 成都市农村产权交易所的运行机制

笔者通过调查发现，农交所产权交易前的确权颁证、交易审批和交易后的权属变更登记或流转合同备案管理等工作均在其他各相关政府职能部门进行，成都市农交所只负责确权颁证后及权属变更登记前的交易过程。农村产权交易办理流程如下：

委托产权资产评估（需要评估的）→产权拥有者提出交易申请→产权交易所受理→产权查档确认登记→项目挂牌发布信息→组织洽谈→确定交易方式→成交签约→结算交割→产权变更登记

成都市农村产权交易以实物作为定价基础的方式,不以盈利为目的,对转让方不收取交易服务费用,对受让方只收取交易服务成本费用,极大地促进了农村产权的流转,扶持了农村产权市场的健康发展。

成都市农交所在以下六个方面进行了积极探索:

第一,创新市场交易的思路。根据我国农村产权多样性的实际情况,其管理工作涉及多个不同的职能部门。为积极、稳妥地推进农村产权合理流转这一关系到广大农民切身利益的大事,他们首先从与农业市场化关联度最高的土地承包经营权的流转做起。土地承包经营权既是我国改革开放的第一个突破口也是我国改革开放的第一个成果,是农村资产中最具代表意义的产权,与广大农民的利益息息相关。先探索土地承包经营权的流转方式,积累经验后逐步向林权、宅基地使用权、房屋所有权、集体建设用地使用权推开的做法,积极稳妥,操作性强,影响大,是一个值得借鉴的好办法。

第二,确权、颁证工作,摸清了农村土地家底。确权是农村产权流转的基础,只有明晰了产权才能促进农村资产流转更加规范和有效,这是农村产权制度改革的一项破冰之举。2008年1月,成都市《关于加强耕地保护进一步改革完善农村土地和房屋产权制度改革的意见(实行)》的"一号文件"出台以来,成都市积极开展农村集体土地所有权、房屋所有权、集体建设用地使用权、农村土地承包经营权和林权的确权登记工作。集体建设用地使用权确权到村或组,承包地、自留地、宅基地和农民的房屋确权到户。在四川双流县,通过确权,农民拿到了"四证"(《土地承包经营权证》、《集体建设用地使用权证》也即宅基地使用权证、《房屋所有权证》、《集体林地使用权证》)。截止到2009年5月,成都市已经有140多万农户土地承包经营权实现确权颁证,占全市农户的60%以上,估计两年内有望完成全部的确权颁证工作。成都市确权颁证工作,旨在通

第8章 我国农村土地产权制度改革案例分析

过清晰明确的现代农村产权制度，构建农村市场经济的微观基础，为建立和完善农村市场经济体制做好前期准备。

第三，搭建市、县、乡三级农村产权交易联网平台。成都市农交所与北京、天津等地近40余家产权交易机构建立了战略合作关系，实现了与各地产权交易机构信息互通和资源共享。在网络平台建设方面，以成都市农交所为核心，设立各区（县）农村产权交易分所，乡镇建立农村产权交易服务站，以方便农户办理农村产权交易。在市、县、乡三级交流信息联网平台内，农民可自主进行土地流转和产权交易，缩短了交易时间和流程，保证了交易的公平、公正、公开，节约了交易费用。

第四，建立耕地保护机制。创新耕地保护机制是成都市农村产权改革的重要内容，其中最有特色的部分是在全国率先建立规范可行的耕地保护基金，建立耕地保护补偿机制。耕地保护基金由市、区（市）县共同筹集，主要来源于新增建设用地土地有偿使用费、耕地占用税的一部分、土地出让收入的一定比例资金以及其他财政资金。耕保基金全部纳入耕地保护基金专户，主要用于提高耕地生产能力和对承担耕地保护责任的农民进行养老保险补贴，从而进一步完善耕地保护制度。在成都市，耕地保护补贴标准为基本农田每年每亩400元，一般耕地每年每亩300元，扣除10%的土地流转担保金和农业保险，打到农民"耕地保护卡"上的数额分别是360元和270元。"耕保卡"上的金额不能现时领取现金，只有等农民到了一定年龄（农民男年满60周岁、女年满55周岁）经过耕地保护协会确认承包地没有遭受破坏，方可一次性领取耕保补贴。农户享受耕保补贴的同时，必须承担相应的义务，即：不能弃耕抛荒，保护耕地不受破坏，不得用于非农用途，基本农田还必须履行"五不准"

要求。① 由于耕地保护责任涉及农民个人的利益，让农民成为耕地保护的主体和监督者可以有效地保护耕地。此外，耕地保护基金通过土地对农民社会保障功能的货币化，完成了社会保障在农村的全覆盖，以耕保换社保的做法实现了农村社保工作的重大创新。

第五，用市场的方法规避市场风险。成都市由政府出资三个亿，成立农村产权流转担保股份有限公司，每年最多有 24 亿元的发放额度。作为土地流转行为的担保方，成都市农村产权流转担保股份有限公司承担保护投资者和农民合法权益的义务。一旦出现因企业投资遭受损失，无法按时足额支付流转费的情况，担保公司负责支付土地租金；当流转方违约时，担保公司要根据担保标的承担相应的赔偿责任。这就盘活了农村的宅基地、土地承包经营权等生产要素，为农村土地的流转和规模经营打下了基础，用市场机制为提高农业抗风险能力提供了资金保障。成都市农村产权流转担保股份有限公司成立的目的是"加快推进农村产权制度改革，促进农村资产资本化，拓展新农村建设融资渠道"，担保公司的成立是农村产权制度改革的又一项重大创新举措。

第六，探索农村产权市场化的新平台。成都市农交所依托成都联合产权交易所，拥有投资、法律、评估、会计等各类中介服务会员机构 40 余家，具有完善的产权流转市场硬件和软件设施，建立了农村产权价值评估机制，详细制定了流转市场的交易规则，搭建了范围广泛的农村产权流转平台。成都农交所"立足成都、服务四川、服务西南"，具有"产权交易、技术和资本结合、投融资服务"等多种功能，在现有农村产权交易品种的基础上，农交所不断创新，致力于打造集各类农村产权要素

---

① "五不准"是指国务院关于保护基本农田的要求，具体指不准占用基本农田进行造林、种果；不准在基本农田内挖塘养鱼；不准占用基本农田搞绿色通道和绿色隔离带；不准将基本农田纳入退耕范围；不准非农建设项目占用基本农田。

于一体的综合性农村产权流转平台,推动农村产权流转。

成都市农交所揭牌成立以来,有几百家全国各地的投资人上门咨询项目情况,对多个优质项目兴趣浓厚,这充分显示出农村产权交易市场巨大的市场潜力,拥有十分广阔的发展前景。成都农交所未来的发展目标是在现有交易品种的基础上不断创新,逐步把成都农村产权交易所打造成集各类农村产权要素于一体,具有影响力的"产权交易、技术和资本结合、投融资服务"等多功能的农村产权交易平台,加快推动农村产权流转。

8.1.3 改革的意义及存在的问题

8.1.3.1 成都市农地产权制度改革的意义

第一,推动了农村土地产权的价值化。成都市农交所所做的最有意义的工作有两个:一是确权;二是流转。农交所将农村土地权属变成可交易的资本化商品,并使这种有形市场得以建立,这是农交所最有开创性的可取之处。农村土地产权要素的流动及价值显化,都必须依靠市场交易来实现,因此产权要素的流转过程本身就是农村土地流动以及与资本结合的过程。尽管成都的农村土地制度改革从农户的土地承包经营权和使用权入手,并没有直接触动土地所有权,但是农交所的意义在于它通过促进农地使用权的流转推动了产权的价值化以及各种所需的前提,如确权、颁证等,这就向着土地作为财产和人身独立的方向迈出了关键的一步。

第二,增加了农民收入。成都市农交所总经理秦仕魁告诉我们,农民之前的土地纯收入是450元每亩,农民土地承包经营权流转之后,以种植大户、经济合作社的方式进行经营管理,切实实现了土地的规模经营效益。农民除了获得土地承包经营权流转收益之外,还可以选择其他的就业安排,如外出打工、就地打工等,扩大了收入来源。另外,农交所采取实物定价的方式,将土地流转租金折算成一定数量的农作物,同时按照随行就市的原则,即按照当期农作物市场价格折算成一定货币金额补贴给农民,同时还根据不同地区的土地肥沃程度及产出水平确定流转收益,保障农民的收入水平。

第三,有利于保护农村耕地。目前农业生产劳动收益低,农民纷纷外出打工,导致放弃农耕甚至撂荒现象加剧,而我国农村居民分散居住,全国宅基地总占地面积约四亿亩,造成大量农村耕地和建设用地的浪费。开展农地产权交易后,将闲置的土地流转出去,大量的宅基地可以还原为耕地,既可以弥补因城市化需要而占用的农村耕地缺口,又能有效地重新整合土地资源,提高农地利用率,吸引社会资本投向农村,繁荣了农村经济。更为关键的是,成都市农村产权交易所创新出了一个保护耕地的经济机制,通过耕地保护基金的设立用经济手段刺激了农民保护耕地的积极性和主动性。

第四,一定程度上实现了土地社会保障功能的转换。我国农村土地流转市场难以快速建立的关键障碍是土地对于农民来讲具有社会保障功能。为了突破这一障碍,除了加快建立土地流转中介服务机构,提高土地的经济价值之外,成都市农交所还尝试探索新的农民基本生活保障和养老保险的途径:一方面,通过成立农村产权流转担保股份有限公司建立了市场防御风险机制,保证了农民收入的稳定性和可靠性;另一方面,利用耕地保护基金为流转农户"购买"[①]了一份养老保险。土地使用权流转之后,农民可以外出寻求非农就业机会,农民的就业还不存在充分而正式的保障。更为关键的是,耕保基金和产权流转担保股份有限公司的

---

① 这里使用购买一词的用意是指一部分耕保基金也来源于农村集体土地收益。

第8章 我国农村土地产权制度改革案例分析

设立承接了农地的社会保障功能,降低了农民对土地的依赖性,有利于缓和农民个体和集体对土地强烈的依附关系,推动实现农民人身地位的独立性。

8.1.3.2 存在的问题

第一,改革需要得到正式制度的认可。2008年10月12日,中国共产党第十七届三中全会通过《中共中央关于推进农村改革发展若干重大问题的决定》,决定强调指出要大力推进农村基本制度的创新,健全严格规范的农村土地管理制度,"加强土地承包经营权流转管理和服务,建立健全土地承包经营权流转市场"。决议通过的第二天,成都市农村产权交易所即挂牌成立。这个交易所筹划了近半年的时间,在十七届三中全会闭幕的时间节点上推出不无深意,成都产交所的成立充分体现出党中央的政策影响力。农交所总经理秦仕魁告诉我们,其实在三中全会之前他们已经筹划了很久,直到十七届三中全会出台进行农村产权制度改革的重大战略,他们才放下心并放手为农交所挂牌。农交所走到今天不容易,然而今后的道路仍然困难重重。《中华人民共和国土地管理法》对农村土地流转设置了严格的限制条件,比如农村的宅基地只有本集体经济组织内部的成员才能购买,这无疑给产权交易增加了难度,在具体的改革实践中稍有不慎就会触碰政策红线。因此要开展农村土地产权交易,还必须请求国家赋予地方有关法规规章方面的立法权限,为改革提供强有力的法制保障。如果改革进展顺利并得以部分推广,则势必对现行农地产权制度形成冲击,引发农地制度更深层面的变革。

第二,需要协调的部门多且跨度大。鉴于农村产权交易业务品种繁多,涉及农村集体建设用地、宅基地、耕地、林地等,因此相关的管理工作涉及国土资源局、房管局、农委、林业局等政府职能部门以及地方政府和广大分散的农户,跨度非常大。而农交所仅仅负责颁证后和权属变更前的工作程序,其他职能部门利益各不相同,这势必给产权交易带来阻碍。成都市为此设立了统筹城乡改革委员会专门协调各部门的利益,给成都市农交所的交易带来极大方便。调研中我们了解到,由于投资者和农户对项目的预期差别太大,各职能部门利益的协调也存在一定差距,高额的交易费用增加了达成交易的难度,导致目前农交所的交易量并不是很乐观,要推动农村产权交易业务合法有序流转尚存在一定难度。

8.2 天津市宅基地换房模式

"三农问题"始终是我国经济和社会发展中的重大问题。在党中央关于统筹城乡发展,建设社会主义新农村的宏伟战略目标中,小城镇建设是一个重要的组成部分。为加快推进天津市社会主义新农村建设的步伐,切实提高天津市的城市规划、建设和管理水平,切实改善城郊农民的生活环境,从 2005 年下半年开始,天津市政府结合本地实际,积极地探索了以宅基地换房的方式建设新型小城镇和新农村的道路,并在部分村、镇开展试点工作,目前,第一、二批试点进展顺利,第三批试点已启动。

天津市以宅基地换房建设新型小城镇的思路得到了国家有关部门的充分肯定和大力支持,同时也得到广大农民的积极拥护。这一模式适应了大城市周边农村快速城市化的发展需求,探索了城乡统筹协调发展的新模式,对于贯彻落实科学发展观,加快实现农村小康社会建设目标具有重要意义。

8.2.1 天津市宅基地换房模式的发展历程

8.2.1.1 提出背景

天津市现有涉农乡、镇、街共144个，村庄3833个（其中，位于镇区内的村庄404个，位于中心城区以内的村庄76个，镇区和中心城区以外的村庄3353个），总人口488.5万人，总建设用地1183.9平方公里，镇平均人口7674人，其中5000人以下的占60%，10000人以下的占83%，镇平均建设用地1.9平方公里，人均建设用地247平方米。村庄平均人口1107人，其中500人以下的村庄占27.5%，1000人以下的村庄占63%，人均建设用地256平方米。在村庄建设用地中，村民宅基地占54%。

目前，天津市农村地区城镇化水平仅为46.5%，普遍存在的问题有以下几个方面：一是小城镇和村庄规模普遍偏小，村庄人均建设用地大，人口密度低，用地不集约，降低了土地利用效率；二是各种设施水平很低，公共服务设施和基础设施配套不完善；三是土地使用粗放，污水垃圾随处排放与堆放现象普遍，影响投资的吸引力和可持续发展；四是小城镇管理水平低，建设资金匮乏，没有一套切实可行的规划、建设管理的措施和办法，环境意识淡薄。但是，市郊城市化的推进却面临着两大障碍：一是国家严控建设用地扩张的土地约束；二是小城镇建设资金不足的资金约束。土地和资金的双重约束成为小城镇加快发展必须破解的难题。

8.2.1.2 探索历程

在这种背景下，从2005年8月开始，在天津市委市政府的领导下，天津市开始对市郊各镇、村进行认真调研和深入讨论，试图通过宅基地换房的办法探索出一条建设小城镇和城市新社区的新思路。所谓宅基地换房，是在国家现行政策框架内，坚持承包责任制不变、可耕种土地不变、尊重农民自愿的原则，高水平规划、设计和建设有特色、适于产业聚集的生态宜居新型小城镇。农民以宅基地，按照规定的置换标准换取小城镇的住宅，迁入小城镇居住。农民原有宅基地统一组织整理复耕，实现耕地占补平衡。在规划建设的新型小城镇，除了规划农民还迁住宅小区外，还要规划出一块可供市场开发出让的土地，通过土地出让获得的收入，平衡小城镇的建设资金。通过宅基地换房，实现农民向城镇的集中，工业向小区的集中，耕地向种植大户的集中，农民由一产向二产、三产转业，明显改善农民的居住环境，提高文明程度，享受城市化的成果。按照这一思路，2005年底，天津市政府批准在东丽区华明镇、津南区小站镇和武清区大良镇、南北辛庄村、后蒲棒村开展第一批"三镇两村"农村示范小城镇建设试点工作。

天津市以宅基地换房进行小城镇建设的做法得到了国家相关部门的肯定和支持。国家发改委认为，天津市用宅基地换房的办法建设小城镇，符合中国保护耕地的基本国策。2006年，国土资源部通过了《关于规范城镇建设用地增加与农村建设用地减少相挂钩试点工作的意见》，将天津市列为全国城镇建设用地增加与农村建设用地减少挂钩试点城市，对天津市的创新给予了充分肯定，并下达了第一批土地周转指标。在经国务院批准的《天津滨海新区综合配套改革试验总体方案》中，明确提出"在符合规划并在依法取得建设用地范围内建设小城镇，实施农民宅基地换房试点"。

天津市"以宅基地换房"模式进行小城镇建设共分八个步骤：

区县政府编制总体规划，报市政府审批→组建投融资机构，负责小城镇建设→市政府国土管理部门下达土地挂钩周转指标→村民提出宅基地换房申请并与村民委员会签订换房协议→村民委员会与镇政府签订换房协议→镇政府与小城镇投融资机构签订总体换房协议→小城镇农民住

第8章 我国农村土地产权制度改革案例分析

宅建成后,由村民委员会按照全体村民通过的分房办法进行分配→农民搬迁后,对原宅基地整理复耕,复耕出的土地用于归还小城镇建设占用的土地挂钩周转指标。

8.2.2 天津市宅基地换房模式的运行机制

在宅基地换房建设小城镇的实施过程中,天津市坚持了政府主导、规划在先,村民自愿、试点先行,总量不变、两个平衡等原则,使该项工作稳步快速地推进,并形成了具有一定示范效应的特点。

第一,"政府主导":城镇体系总体规划。国务院通过的《天津市城市总体规划(2005~2020年)》指出,在今后十五年内天津市要按照城市总体规划的要求,建立由主副中心、新城、中心镇和一般建制镇组成的四级城镇体系,将30个发展基础好、区位条件优越、发展潜力大的城镇确定为中心镇,并积极推动一般建制镇的建设,推动农村城镇化。规划中提出了"一轴两带三区"的建设模式,为中心镇和一些新城区的发展提供了一个整体空间。天津市第九次党代会提出,规划要按照"生产发展、生活宽裕、乡风文明、村容整洁、管理民主"20字方针的要求进行,全面推进社会主义新农村建设,大力发展农村公共事业,扎实推进示范小城镇和文明生态村建设,进一步改善农村生产生活条件。

按照市委、市政府的工作部署,通过"宅基地换房"进行的小城镇建设项目非常重视城镇规划,强调先规划后建设。城市总体规划获得国务院批准后,天津市规划局编制了各区县小城镇和新农村布局,强调要集中力量抓好一批有特色的中心镇和中心村。对于不同层次、不同类型的规划,首先是建立在调查研究的基础之上,建立在国家政策的基础上进行,广泛地征求意见,不断完善。比如,华明示范镇农民还迁住宅工程委托市规划设计院进行设计,并广泛征求群众的意见建议,该方案获得 2005 年度全市设计成果评比一等奖。华明镇规划的重点首先从道路的设计布局入手，把交通囊括进来通盘考虑，跟城市、环渤海经济整体联系在一起。其次是产业特色，不论是中心镇、一般建制镇，还是中心村，都有能够支撑其存在和发展的产业，如小站镇的近代中国洋务旅游等。最后是居住质量，如新建厕所、治理村子周边的坑塘、基本实现垃圾无公害处理等。

天津市示范小城镇建设规划走的是一条特色城市的道路。在规划的编制过程中，天津市积极吸收先进的规划设计理念，充分挖掘各镇的地域特色和文化底蕴，注重体现布局特色，力求打造环境优美、设施配套的舒适居住城镇。在建筑造型、外檐风格上，各试点城镇不拘一格，集中展现葛沽工业重镇、小站历史文化名镇、八里台生态宜居、双街黄金走廊、大黄堡生态旅游等城镇的鲜明个性和时代特征。在天津市政府的大力支持下，各区县政府周密规划、精确部署、精心组织，确保了示范小城镇的顺利进展。

为了提高小城镇建设试点的层次，天津市还分别于 2006 年和 2007 年举办了两批小城镇建设试点培训班，有关区县分管区县长及党政主要负责同志和总规划师都参加培训，就宅基地换房的规划、建设、管理等方面的有关知识和经验深入交流学习，收到了很好的效果，有效保证了试点工作的质量。

第二，"先行先试"：三批试点，逐步推开。自 2006 年 5 月份国务院批准天津滨海新区为全国综合配套改革试验区以来，天津市一直贯彻"试点先行、逐步推开"的原则，先行试验一些重大的改革措施。宅基地换房正是推进天津滨海新区在土地管理改革和农村集体土地使用权流转方面进行先行先试的重大举措。整个项目的展开有步骤、有计划，并不断地总结完善。根据天津市小城建设的整体发展规划以及相应区县村镇

第 8 章 我国农村土地产权制度改革案例分析

的申请,第一批"三镇两村"涉及 37 个村 2.1 万户,共 6.6 万人。试点工作于 2005 年 8 月开始运作,申请挂钩周转指标 827.3 公顷(合 12409.5 亩),规划建设农民住宅 355 万平方米。自 2006 年上半年开工以来进展顺利,2008 年底 245 万平方米住宅竣工,5 万多农民喜迁新居。

第一批"三镇两村"宅基地换房试点的成功,为加快城郊农村的城市化进程提供了看得见、摸得着的样板,开辟了农村建设用地整合、流转和集约利用的新途径,形成了一定的推广意义。2007 年 5 月,天津市在总结第一批挂钩试点经验的基础上,开展了第二批试点的推动工作。经过对试点单位申报材料的审查及对项目区的严格筛选,第二批试点工作确定了"九镇三村"作为试点单位,涉及 92 个行政村,4.8 万户、11.1 万农民,规划建设小城镇农民住宅 551 万平方米。2008 年底 271 万平方米住宅竣工,近 5 万农民喜迁新居。在此基础上,第三批宅基地换房共申报了 28 个试点项目,确定了 12 个试点。

第三,集约用地,保证耕地"不减不降"。天津市宅基地换房项目的基本原则是,承包责任制不变,可耕种土地不减,尊重农民自愿,以宅基地换房。按照这一原则,为了切实保障农民对土地承包经营的合法权益,确保耕地的占补平衡,保证"质量不降,总量不减",天津市规定项目区内建新地块的总面积不得大于拆旧地块的总面积,拆旧地块复垦耕地的数量、质量应不低于建新占用的耕地,真正实现了城镇建设用地增加与农村建设用地减少相挂钩。

据统计,全市第一批、第二批 17 个试点原 129 个村建设用地 3025 公顷,新建示范小城镇和新村庄规划用地 2648 公顷,可节约土地 377 公顷,共 5655 亩,真正实现了土地的集约利用。

第四,"资金平衡",构建新的融资体系。在我国的城市化进程中,最大的困难就是资金问题,建设资金的缺乏一度严重制约了小城镇的快速发展。而通过宅基地换房可以提高土地的利用效率,将节约出来的土地进行经营性开发,再以土地开发收益来补偿小城镇建设所需要的资金,由此形成了一套"政府引导,市场运作,统筹安排,资金平衡"城市建设的投融资新体制。具体的操作流程为:区县一级政府建立小城镇开发建设投资机构,以土地出让政府收益权作为抵押,向银行申请贷款融资,贷款的资金用于小城镇农民住宅及相关配套设施的建设,同时通过"招、拍、挂"等方式出让置换出来的经营用地,并将土地出让金作为还款来源。

天津市东丽区华明示范小城镇就是充分利用投融资新体制进行小城镇建设的一个典范。在政府的特许下,华明镇组建了东丽区滨丽小城镇建设开发投资有限公司。该公司作为小城镇建设的融资主体,统筹安排资金,保证项目现金流稳定,负责项目贷款偿还,保证国家开发性金融的安全性。在项目的具体运营过程中,滨丽公司既作为政府城市建设的实施主体,又作为能够代表政府进行城市资产经营管理的融资平台,充分利用项目收益,保证偿还机制的顺利进行。上述操作,首先,保证了国家开发性金融资金投放的合法性和可操作性;其次,作为借款主体和项目法人,滨丽公司对承贷项目实行统一建设管理,对项目资金实行专款专用、封闭运营,降低投资风险,保证了项目资金的延续性和可控性;最后,小城镇项目作为公司资产管理运作,保证了国家对金融机构的监管要求。

在以土地出让政府收益权质押向国家开发银行贷款的过程中,华明示范小城镇项目建立了一套完善的"投资、建设、出让、偿还"机制;做到了效率、成本、责任的有机结合和统一;形成了"借、用、还"的良性循环,保证了华明示范小城镇建设项目的资金需求。华明示范小城镇建设资金需要 37 亿元,节省出来的规划经营开发用地共有 4951 亩,通过"招、拍、挂"方式出让后,预期收益在 38 亿元左右,充分保证了

第8章 我国农村土地产权制度改革案例分析

城镇建设的资金平衡。华明示范小城镇项目具体的融资操作流程是：按照政府特许滨丽公司作为项目运营主体→国土资源部批转土地挂钩周转利用指标→滨丽公司征用土地→开发银行贷款融资设计→华明示范小城镇项目建设→出让土地开发→土地出让偿还贷款。

小城镇项目投资需求很大，涉及领域和行业很多，单纯依靠政府投资是难以为继的。因此，坚持政府主导、市场运作的原则，还必须走多元化、多渠道融资的路子，利用市场手段，调动各方面的积极因素，搭建多元投资格局。具体来说，就是通过建设用地指标的置换，使分散居住的农民向新建小城镇集中，实现土地的集约利用；并将节约出来的建设用地或用地指标以市场价格出让，根据市场供求关系有计划、有步骤地分期分批出让土地，营造有利的市场环境和有利于投资创业的政策环境，提高土地的附加值，将土地增值收益最大化；在小城镇外围规划开发民营工业园区，吸引民营企业和中小企业成为小城镇产业投资的主流资金来源；通过"招、拍、挂"有偿转让建设用地，吸引各类投资主体进行房地产、商业等设施建设，筹集建设小城镇建设所需的投资。

第五，惠民工程："安居、乐业、有保障"。以宅基地换房办法建设示范小城镇是一项惠民工程，根本目的是改善农民居住条件，增加农民收入，推进城市化进程，使广大农民真正实现"安居、乐业、有保障"，这也是宅基地换房模式的最终目的。安居，是指首先要把房子建好；乐业，是指小城镇规划留有二、三产业发展用地。至于发展什么二、三产业，要根据各地的实际来定，适合搞工业的搞工业，适合搞物流的搞物流，适合搞旅游的搞旅游。有了产业老百姓就有就业，有了就业老百姓才有保障。

在新农村和示范小城镇建设中，广大农民是受益主体，农民是否满意，是否符合他们的意愿，是衡量小城镇试点是否成功的最终标准。因此，在整个小城镇和新农村规划建设中，坚持"一切依靠农民，一切为了农民"的工作方针,把维护好群众利益作为各级政府工作的出发点和落脚点,让广大农民在社会主义新农村建设中得到最大实惠。2006年,时任天津市长黄兴国强调:"在整个小城镇和新农村规划建设中,一定要做到公开透明,让农民参与,充分走群众路线"。在实际工作中,各试点工程一直贯彻市领导的这些要求。农民参与小城镇建设首先表现在"两个自愿"的原则上:一是换房要自愿,农民自己要申请;二是自愿整理好自己的宅基地,事先要有法律手续,农民要签协议。比如武清区就提出了"四个百分之百"的总要求,即"百分之百入户宣传、百分之百征求意见、百分之百给出路、百分之百签协议",在各个环节充分尊重农民的意愿,并提出具体的解决办法。截至目前,武清区三个试点启动村的群众支持率达到100%,两个达到98%。

华明镇示范小城镇建设将"以人为本"作为宅基地换房工作的出发点和落脚点。在规划小区建设方面,本着生态、节能、便利和人性化的原则,规划出中心幼儿园、中心医院、计划生育技术服务站、示范镇服务中心等服务设施,小区还采用太阳能庭院照明,并统一安装太阳能热水器,既保证了品质又降低了成本。

在农民的生存和后续就业问题上,华明镇从四个方面增加农民收入,借势打造"四金农民"。一是多渠道安排劳动就业。包括四个居住区物业保安、市政、保洁、绿化等就业岗位,商业区底商、市场等就业岗位,通过就业增加农民薪金收入。二是扩大养老保险。结合土地整合,由政府出资实行养老保险补贴,增加了农民"养老金"收入,同时积极推行新型合作医疗。三是广开增收渠道。包括借滨海新区发展之势,协调开发商通过建设营业房等解决群众的"租金"收入;借势探索新型集体经济组织形式,实现农民变居民,农民变股民,切实增加农民"股金"收入。四是解决搬迁村民的土地耕种问题。

第8章 我国农村土地产权制度改革案例分析

第六,"精简机构",创新行政管理体制。以"以宅基地换房"的模式建设示范小城镇,不是农村人口简单地向城镇迁居,而是由农业型社会向工业型社会,从农村向城市,从农民向市民的巨大转变。因此,天津市各级政府和各级主管部门都面临着如何主动适应形势,转变管理的问题。而积极推进新建示范小城镇的城市管理,努力建设管理有序、服务完善、特色突出、环境优美、文明祥和的新型小城镇,也是天津市城市管理体系创新的一个重要组成部分。

为贯彻落实市、区领导的指示精神,加强对示范小城镇建设的组织领导,华明镇按照"在搬迁村民入住前,管理机构先成立、管理人员先到位、管理措施先制定、有关规定先宣传、管理设施先安装、学习培训先开展"的要求,结合示范镇城市管理框架,成立了"华明示范镇管理委员会";并遵循管理机构"精简高效",与华明街道办事处有机结合,工作职能相对独立的原则,统一协调和部署了示范镇的行政管理体系。管委会下设四个办公室:党政综合办公室、经济发展办公室、社区社会事务办公室、城区管理与综合执法办公室,比原有机构精简了50%。四个科级机构分工明确、责任落实、运转协调、组织完善,不仅机构简单、人员精减,有效节约了管理成本,而且公共服务和社会管理职能齐全,完善了为群众服务的平台。

为了加快城市化进程,有效规范华明示范小城镇管理,华明镇探索出一套切实可行的有序的社会管理体系。具体包括关于华明示范小城镇社区管理体制方案、市容和环境卫生管理暂行办法、综合执法方案、社区物业管理意见、实行社区股份合作制实施意见、生活垃圾收集运输的暂行办法、市政和园林公用设施管理暂行办法等,建立了社区居委会,实行公安派出所与行政执法中队相协调的执法保障机制,将市政、园林公用设施纳入专业管理部门统一管理。华明示范小城镇坚持以人为本、服务群众的方针,以社区党组织为领导核心,建立起社区居委会、物业公司、业主委员会、社区民间组织相互协调的工作运行机制,努力把社区建设成为管理有序、服务完善、环境优美、文明祥和的新型社区。

2008年4月,上海世博会城市最佳实践区的评选即将揭晓。此次申报参评共有87个城市106个项目,由国内外20名专家组成评选委员会进行评审,最终确定了15个实物建设案例,40个展馆案例。在全部入选案例中,内地项目仅有6个。而天津华明示范小城镇从106个项目中脱颖而出,成功入选。这一评选结果,标志着天津市在通过城市化推进工业化的进程中,对土地和资金"两缺口"进行大胆突破,在社会主义新农村建设诸方面的创新实践取得了积极的成果,并得到了国内外专家的充分认可。

8.2.3 天津市宅基地换房模式中的主体功能

在我国,土地资源是一种具有特殊性质的物质资源,具体表现在它的经济性和社会性方面。土地的经济性质,通过其在经济活动中的重要地位(基础要素)、日益稀缺(不可再生)以及资本增值等方面体现;土地的社会性质,则体现在它作为中国广大农民的保障性生产和生活资料以及国家的粮食安全问题等方面。由于上述特性,当前中国土地资源的配置,基本上还是政府主导,表现为国家对土地用途的法律限定,国家建设用地的强制征用以及对城市及农村建设用地流转的规定等方面。从经济学角度来看,政府主导配置土地资源具有正反两方面的效应:一方面,可以节约和集约地使用有限的土地资源,避免过度开发和分散使用;另一方面,由于土地资源的政府垄断,又很难避免土地使用效率的低下及通过土地以权谋私的腐败行为。

由于传统二元经济的束缚,在我国,较大规模的城市化进程只是近

第8章 我国农村土地产权制度改革案例分析

几年才有长足发展。由于土地市场发育不完全,而且农村集体土地的流转还存在着种种制度性障碍。因此无论是从辅助市场的角度,还是制度创新的角度来看,中国政府都应该在城市化的土地流转中发挥积极作用。而在天津市宅基地换房模式中我们看到,政府不仅发挥了积极的主导作用,同时还充分利用市场调节手段,政府与市场紧密配合,加快了城市化发展目标的实现。

第一,带动制度创新。由于制度的相对滞后,中国的城市化进程需要一系列的制度创新,尤其是农村集体用地的制度创新。天津市的宅基地换房正是这种创新的结果。比如,在我国现有的土地法规中,目前还没有关于宅基地流转的相关规定,因此推行宅基地换房必然要进行制度创新。这一创新体现为在现有法律框架下的"一挂钩,一平衡"的变通过程。所谓"一挂钩",是指宅基地换房中置换的土地,是城镇建设用地的增加与农村建设用地的减少相挂钩,并没有突破保护农村耕地的法律底线。所谓"一平衡",是指宅基地换房需要占用的临时用地,要与农民集中居住后腾出的宅基地复垦成农田的土地相平衡,也即"占补平衡"。

由于没有突破现有土地法规,又实现了大城市周边农村建设用地的有效利用,国土资源部在2006年通过了《关于规范城镇建设用地增加与农村建设用地减少相挂钩试点工作的意见》,对天津市的创新给予了充分肯定,一个地方的创新尝试开始演变为正式的制度安排。透过天津"宅基地换房"的具体实践,我们看到了土地流转制度变迁,如何从遵循法规、制度变通、中央认可,形成规定,最后到立法的演变过程。

可见,由地方政府积极推动的城市化进程,不仅可以有效地实现制度创新,而且也可大大降低制度突破和新制度建立所需要的社会成本。

第二,政府主导的"规划—调配—流转"机制。天津市"宅基地换房"的实践对此进行了积极的探索,走出了一条土地资源的"规划—调配—流转"模式。这一模式对于我国土地资源的有效配置及合理利用具有一定的示范意义。

土地资源"规划—调配—流转"的配置模式,是一种政府主导和市场机制相结合的模式。其基本内涵可以简要归纳为:以党的十七届三中全会提出的节约集约利用土地资源和土地承包经营权流转等方面为指导思想,在完善土地制度、土地规划和土地法规的前提下,通过"规划—调配—流转"三层机制,对土地资源进行优化配置,对土地资源配置中的利益进行合理分配,加快土地资源的流转,最终实现我国土地资源的节约集约利用。"规划—调配—流转"这三层机制是一个整体:规划是这一模式的前提;调配是这一模式的核心和主要手段,流转是调配的目的和实现土地资源节约集约利用的途径。同时,规划、调配和流转这三者都是土地节约集约利用的有效手段,每一项都是为了实现土地资源的合理配置和利用。

政府是规划的主体,规划的制定和实施需要在政府的调控下进行。我国新型城镇建设的实践证明,只有政府才能发挥积极的推动、引导和示范作用。农民是土地流转的主体。虽然土地资源通过流转,可以实现节约集约利用和土地的增值,并带来经济社会的快速发展以及生态环境的改善,但在流转的过程中,还必须尊重农民的意愿,并充分发挥市场(价格)机制的作用。在宅基地换房过程中,要让农民通过比较宅基地换房的得失,自愿决定是否参与流转和置换。

政府、开发商和农民共同构成了调配主体。城市化的进程中存在许多复杂的问题,单一的政府调控或市场机制都难以解决。这就需要将两者结合起来,通过"调配"环节,也即"协商"和"协调"博弈加以解决。一般而言,政府要为城市化进程提供公共物品和公共服务,同时要保障市场机制的有效发挥,以提高公共物品供给的效率;农民是土地资

第8章 我国农村土地产权制度改革案例分析

源的所有者,要通过土地流转实现生产生活方式的转变,最终实现生活水平的提高;开发商是企业,是利润的追求者。三者的利益集中体现在土地价格的增值上。为实现土地价格的增值,三方进行的是一种以"短边"为中心的协调均衡。即只有从保护农民群众的利益出发,最终体现为农民群众生活质量提升的"调配",才能满足三方各自的目标。

根据以上理论模式,可以将天津市"以宅基地换房"的实践简要概括为:由政府、农民和开发商三个主体参与,在发挥政府主导和市场机制的基础上,实现对土地资源的"规划、调配和流转",最终实现土地资源的合理配置和利用,化解城市化进程中的土地问题,推进城市化建设。

8.2.4 宅基地换房中的农民参与

城市化是经济长期增长的源泉,加速的城市化不但合乎国民经济发展的要求,而且是包括农民在内的多方面经济利益实现的基本途径。但是利益的增长离不开利益的分配,以征用农民土地为基础的城市化过程充满了利益的冲突,由此带来了一系列相互矛盾的问题:一方面,城市化可以给农民的生活和收益带来根本改变,所以农民迫切希望参与和分享城市化的收益。但是,城市化是一个公共物品不断聚集和投入的过程,农民分散的交易成本很高。另一方面,政府具有提供城市化公共品的功能,但却因对城郊集体用地缺乏直接的控制权,而不得不利用法规强行征地,因而在农地权益方面往往与农民发生冲突。由此可见,如何保护农民利益,让农民通过土地流转参与和分享城市化的收益就成为我国城市化进程的一个核心命题。

那么,如何选择一种既能降低农民直接参与土地交易的成本,又能降低政府强制性征地所带来的社会成本,从而增加土地流转净收益的方法和模式呢?从天津市"以宅基地换房"的实践看,通过政府引导农民参与的农地交易模式是一种可供参考的有益模式。

"农民参与"放弃了国家强制征地的模式，将交易的行为回归到土地的主人——农民，充分考虑和尊重作为土地所有者的农民的决策权和选择权，而政府则发挥着规划、引导、组织、示范等服务性、推动性功能。

"以宅基地换房"模式通过两个途径提高了农民在土地交易中的参与程度。一个途径表现在换房的决策转用程序方面。申请参与宅基地换房的村庄需要先在村民代表大会进行拆迁还迁表决，代表表决通过后，由各村民小组长入户签订拆迁还迁申请书，同意换房户达到90%以上，在以上所有上报材料经审核合格后，该村方能参与"以宅基地换房"的规划。这表明在政府的组织下，农民参与了决策的过程，并且参与度相当高，因而农民在净城市化收益中分得较高的比例。另一个途径表现在补偿标准方面。从《华明镇拆迁还迁试行办法》看，补偿标准有多种可选择方案，如房屋还迁补偿、货币补偿、其他补贴等。就房屋还迁补偿而言，分类也相当明细，考虑平房、楼房、主房、附房的补偿差异，房屋的认定及面积的丈量，详细的规定表明政府引导参与农地转用的优势，最终反映在维护农民利益，反映农民诉求，增强农民在农地转化中的参与度，维护自身利益等方面。

在"以宅基地换房"模式中，政府通过积极引导，有效地协调农户的集体行动，为分散的农地流转提供了集中性的服务。这种服务大大降低了农民在市场交易中的搜寻和谈判等成本，加快了土地流转的速度，进而有利于土地交易的实现和收益的增加。

举例来看，在实施"以宅基地换房"过程中，需要对农户原有房屋面积进行认定，为此就需要确立面积认定的依据。认定依据确立以后，还将开展一系列的操作程序，如房屋面积丈量、房屋分类、置换价格、楼层差价、有效置换面积、货币补偿等。如果由每个农民单独与开发商就进行交易谈判，完成这一过程的成本将会非常高昂。而在政府的引导下，依靠村、乡镇原有的行政体系和原始数据，上述复杂的交易过程就可以通过村民代表大会和村民委员会的组织程序予以解决。在《华明示范镇与投资平台宅基地换房合同》中，明确规定了东丽区华明街作为基层政府组织的责任，即"做好群众工作和置换前期的准备工作，包括但不限于测量、统计、核算、选址、与村民签订分户宅基地换房合同；负责接收住宅房屋、公建住房，并组织实施宅基地换房；做好拆除工作和整体搬迁工作；负责水、电、通信、燃气、水利的设施"。仅在换房前的准备工作中，交易成本的下降幅度就非常大。

除此之外，政府还可以通过宅基地换房过程中的公共服务进一步降低农户的交易成本。如农地转用的规划及前期论证；提供市场信息，包括寻找具有良好资质的开发商；向农户展示土地开发及规划的模型；参与房屋建筑的质量管理监督等。更为重要的是，在宅基地换房建设小城镇的过程中，政府对城市公共品的供给成为提高土地价格，增大土地总收益的重要因素。如政府修建各种基础设施，或建设一些公共设施，如体育场或学校等。公共服务和公共设施的提供无疑可以促进相关地块地价的提高，进而提高城市化总收益的绝对值。当城市化净收益与农民的分享比例同时提高时，农民的利益才能够得到应有的保护。

8.2.5 评价与小结

8.2.5.1 主要创新

天津市以宅基地换房模式进行小城镇建设，推进城市化进程，是建立在以下五个方面创新的基础之上的：

第一，发展方式的创新。传统发展模式是以大量的土地资源耗费为特征，消耗了大量宝贵的土地资源。随着土地资源越来越稀缺，这种发展模式必然越来越难以维系。因此，必须在土地集约使用和有效流转方面进行突破，实现经济发展方式的转变。

宅基地换房模式为城市建设用地提供了巨大的土地供给空间，促进了土地的集约利用，提高了土地的使用效率。一方面，由于能够促进现有村庄建设用地向城镇集中，拆平房盖楼房，增加了土地的绝对使用面积；另一方面，通过城乡土地统筹配给，优化用地结构和布局，为天津市城市发展进行了土地准备。因此，宅基地换房把农村的建设用地和城市的土地储备结合起来，实现了城乡土地供给的统筹配置，创造了利用现有集体建设用地存量为经济发展提供土地资源的新思路。

滨海新区开发开放是天津市经济发展的重要动力，滨海新区的建设也需要大量土地资源，通过宅基地换房，促进建设用地集约利用，可以释放出大量的土地资源，为滨海新区的开发开放提供有力的支撑。

第二，土地市场的创新。推动城乡土地市场的统一和整合，促进土地集约利用。通过宅基地换房模式建设小城镇，将节约的农村建设用地转化为城市用地，使农村集体建设用地和城市国有土地两个分割的市场统一起来，农村集体建设用地的使用方式和拍卖价值均延续了城市土地开发价格的路线，从而解决了农村土地地价与城市地价的市场价格衔接问题，因而也就能够实现农民宅基地市场价值的显化和农民住宅的商品化、产权化，大幅度提高了农民的财产性收入和非劳动所得。

第三，土地制度的创新。党的十七届三中全会提出了"两个最严格"的土地制度：严格控制农业用地总量和建设用地的总量，新的经济发展只能是在存量土地的节约和集约方面进行创新。宅基地换房探索了在现有土地制度框架下，城市周边农村城市化的新型道路，既实现了农村建设用地向国有土地的流转，同时也保证了农村集体和农户的平等市场主体地位。原有的农村土地向国有土地的流转只能通过国家对农村土地的

第8章 我国农村土地产权制度改革案例分析

征收征用来实现,任何以其他形式进行的流转都是现有法律所不容许的。这就导致了隐性土地流转市场的形成,在这一市场交易中,农民往往处于弱势地位,其正当的土地收益被各级政府和土地开发商侵害。宅基地换房模式在没有违背国家土地相关法律的前提下,探索了农村土地向国有土地流转的新途径,在不完善的二元土地市场中找到了一条合乎法律的通道,同时满足了农民发展的需求和城市发展的需求。

第四,投融资体制的创新。在我国的城市化进程中,最大的困难就是资金问题,建设资金缺乏严重制约了小城镇的快速发展。天津市通过宅基地换房提高土地的利用效率,并将节约出来的土地进行开发经营,同时以其土地收益补偿小城镇建设所需要的资金,创新了项目投融资体制。在具体操作程序上,就是在政府的带动下建立小城镇开发建设投资机构,以土地出让收益权作为抵押担保,向国家开发银行申请贷款融资,贷款的资金用于小城镇农民住宅及相关配套设施的建设,同时通过"招、拍、挂"等方式出让置换出来的经营用地,并将土地出让金作为还款来源,实现了资金平衡,保证了项目资金的可持续性。

第五,城市管理体制的创新。利用宅基地换房模式将农村建设为城市、将农户变为真正的市民并彻底实现农民生活的城市化,加速了我国的城市化进程。农民进入小城镇居住,居住集中度大幅度提高,有利于实现城市公共管理的集中化、集约化,实现小政府、大社会、小机构、大服务的管理体制,强化公共服务意识和管理职能。同时,政府出资作为村民养老金的补充,将这些农民纳入养老保险体系,建立多层次的城市社会保障体系,使农民真正变为市民,并充分享受与城市居民相同的生活方式和社会保障,提高生活质量。

在宅基地换房设计与实施的过程中,始终将农民利益放在首位,一切为了农民,一切依靠农民。强调尊重农民意愿,以农民自愿为原则,切实保证了农民利益不受侵害。在宅基地换房设计、建设和分配等各个环节，重视农民的参与权与决策权，为农民参与提供了制度保障，从而有力地保护农民权益。

8.2.5.2 存在的问题

宅基地换房作为城乡统筹发展的一种新探索，已经初步获得了成功，但是在实施过程中也出现了一些新的问题，值得我们关注。这些问题集中在两个方面：一是房地产市场的价格波动带来的潜在风险；二是小城镇建设中的城市管理问题。

房地产开发是宅基地换房投融资的重要途径，小城镇建设所需要的大量资金来自于通过开发节约出来的土地所获得的收益，由此实现宅基地换房的资金平衡。但是，土地开发需要一个较长的过程，土地开发的收益取决于未来房地产市场的价格。房地产价格的波动是由市场经济规律所决定的，对于土地开发未来收益的估算存在一定的不确定性，从而形成了一定的风险。一般情况下，只能估算房地产价格正常波动所带来的风险，但是，一旦出现了较为严重的经济衰退，收益的下降完全有可能超出预先的估计。如何防范这种风险，是今后用宅基地换房推进小城镇建设中应当注意的问题。

城市化过程并不仅是人口和产业的集中，而且是生产和生活方式的根本性的转变，这种转变可能需要很长的时间。宅基地换房中形成的小城镇，在较短的时间内改变了大量农村居民的居住环境，也带来了相应的管理问题。例如，虽然居住环境改变了，但是，很多居民仍保留了原来的生活习惯，社区建设和组织文化生活就变得非常重要。而且，大量农民的生产方式难以立即由传统农业转向现代农业或非农产业，由此产生了很多就业问题。如何帮助这些农民顺利实现生产和生活方式的转变，也是以后工作中需要重视的问题。

第8章 我国农村土地产权制度改革案例分析

8.3 天津市北辰区泰华枣业合作社

8.3.1 泰华枣业合作社概况

天津市泰华枣业种植合作社由时任村长郭西贵在2002年发起成立，2003年2月被签发"农民专业合作社登记证书"，并注册商标"徐堡牌"人参枣和灵芝枣。徐堡村人杰地灵，有二三百年的种枣历史，其沙土特质使得徐铺枣早熟鲜甜。经天津市质量监督检验站检验，果实含可溶性总糖为29.3%和29%，水分67.42%和68.73%，铁11.2mg/kg和11.6mg/kg，是鲜枣中的极品。经过几年的努力，合作社现已达到了种植面积850亩，年产量60万公斤，种植农户500余户，资产总额近600万元的规模。合作社规模不断壮大，社员（农户）收入快速增长。经预算，现有幼苗2~3年以后将陆续进入到产果期，产量将数倍增长。合作社在市、区技术部门的支持、指导下，已经形成产前、产中、产后服务一条龙的统一管理模式。

实际上，徐堡村已经有二三百年的种枣历史，但一直没有形成规模，直到2002年，在时任村长郭西贵的带动下，通过成立枣业合作社，把广大农户纳入统一①的品种优选、种植、病虫防治、检验、销售等渠道，

---

① 这里要特别说明一下，所谓"统一"并非指让每家每户集中土地，而是每家每户在分别利用承包地种植果品的基础上，统一采用优良品种，统一使用新型的栽培技术与病虫害防治技术，并且统一销售渠道，统一与各地商家谈判确定销售价格。

才形成现在的生产规模并保持稳步增长的势头。

调查显示,泰华枣业合作社的成立、发展和壮大得力于村委会及区政府的支持和努力。泰华枣业合作社的演进过程就是我国分散农户和地方政府从非合作博弈到合作博弈的过程。在此过程中,在合作社的指导下,农户共同分享技术、信息,接受各类培训,获得了防治病虫害和提高产量的专门知识,主要时间用于种植与病虫害防治,不必过多操心优化种子与市场销售问题,大大节约了生产成本和交易成本。随着种植技术的不断提高与市场销售渠道的不断拓展、"徐堡牌"农户生产成本和交易成本的节约、合作剩余分配利润的不断增加,当地人参枣和灵芝枣的名气越来越大,外地商家慕名收购,产品供不应求,天津本地市场几乎见不到这类枣品,而且每公斤售价比普通枣品多卖一至二元。农户与合作社得到的利润不断提高,不仅当地农户从种枣中得到稳定且不断增加的收入,当地村委会也因此获得了政治上良好的声誉。上级政府总是以农户是否增收,是否有特色产业、产品来评价下级政府的工作绩效,合作社非常好地沟通了农户与基层政府的关系,调动了上下两个方面的积极性:其一是农户对合作经营的热情,因为这类合作经济的确提高了农户的收入;其二是增加了基层政府对合作经济的热情,使后者对合作经济持关心、保护、支持的态度。由于有政府的支持,农户和合作社就可以从政府那里得到相应的优惠政策,争取到政府的农业扶助性基金与各种政策性贷款。这是发展、壮大合作经济必不可少的条件。

在合作社成立前,徐堡村的农民以种植一年一季的玉米和黄豆为主,农闲时分则到天津市区从事个体经商来增加收入。在时任村长郭西贵倡导成立枣业种植合作社之初,许多农户抱着"反正我对集体的影响也不大"、"我不参加自然有人会参加"、"忙着干不如先等着看"的消极心理,对郭西贵发起的合作社持观望态度,许多农户只顾自己谋生,根本不关

第8章 我国农村土地产权制度改革案例分析

心合作经济对发展农业产业化有什么积极影响。因此，在合作社成立的最初阶段，加盟合作社的成员不超过百户。正如奥尔森所说，集体的共同利益实际上可以等同或类似于一种公共物品，集体成员在公共品的消费和供给上存在搭便车的行为动机，这时就会发生"集体行动的失灵"或"公地的悲剧"。即使每一个农户都知道成立合作社的好处，也仍有可能选择"不合作"的策略，除非他们分享到了合作社给予的实实在在的"好处"。这些"好处"包括：合作社所提供的传统枣品品质的优化技术，枣品的栽培和病虫害防治技术，合作社在枣品的产前、产中和产后的服务以及市场开拓和市场谈判。如果这些"好处"能给农户的生产经营节省一笔不菲的交易成本，而且农户在收入上有一个实质性的提高，那么这种看得见、摸得着的利益将诱使农户采取"合作"的策略。此外，当合作社得到官方（基层政府）的认可，并且借助合作经济农户可以享受到转让（或承包）土地产权和农业政策性贷款的种种"优惠条件"时，农户加盟合作社的态度就大不一样。

2001年，徐堡村时任村长郭西贵带领村委会成员对本村的气候条件、土壤情况、产业特色和进一步发展的潜力进行了详细分析和评估，一致认为本地的枣品具有口味鲜美、营养丰富、个头大、形状独特、上市时间早的优点，而且其品质与本地的土壤、气候高度相关，具有外地不可复制等特性，决定成立枣业种植合作社，借助村民的力量，使这种枣品量产化、规模化，形成特色产品和产业，带领全体村民共同致富。合作社的成立必须具备相应的条件：

其一，尽管徐堡村具有二三百年的枣品种植历史，但原来的枣品耐寒性差，成活率低，如果不能在技术上解决这些问题，即使这种枣品深受消费者欢迎，也难以提高产量，难以实现量产化和规模化，成为在市场上真正叫得响的"品牌"。因此，要把这种产品发展成为特色产业，必须要有相应的技术支持。

其二，融资约束与交易成本约束。要构造一种新型的合作经济，必须要有相应的资金支持。枣是一种受到消费者青睐的时令产品，保质、储存、保鲜十分重要，因此，要把农户组织起来，统一栽培、种植与防治病虫，分批次收购、销售，这就必须投入相应的培训经费，修建必要的冷藏仓库，这样既可以使这种枣品在众多枣品中脱颖而出，通过注册无公害、环保型绿色商标而增加枣品的附加价值，还能根据市场需求的时间、层次、数量而调整枣品的供应量。即使在供不应求的"供给约束"的情况下，枣品的储存与保鲜仍是十分必要的。这就说明，只有突破了相应的融资约束与交易（组织）成本约束，缔结新型的以契约为纽带的合作经济才是可行的。

其三，政府政策。乍看起来，各级政府对农业产业化与合作经济都十分支持。即使如此，要构建新型的生产、经营合作社，必然涉及如何组织生产与销售、如何合理地利用农地等诸多政策性极强的问题。在组建合作社之初，农地利用问题并不突出，但随着枣品品牌、商标的确立，市场需求的迅猛增长使合作社内部成员在生产、经营、技术选择和土地利用等方面出现了一系列需要协调解决的复杂问题，其中如何选择农地合约与如何规模化、集约化地利用农地的问题将变得十分突出，这在客观上将使目前的初级合作社逐步演变成具有真正法人地位的合作经济组织。这就意味着立法机构与政府相关部门应该给农村合作经济组织以相应的法律支持与政治支持。

实际情况也确实如此。合作社成立之初在资金筹集上遇到许多困难，如果没有确定的预期，农户是不会贸然出资的。于是村委会只得动用一部分集体公共基金作为合作社的启动资金，共支出 10.8 万元，其中 8 万元用于建造保险库，其余的 2.8 万元作为合作社的日常开支。村委会的办

第8章 我国农村土地产权制度改革案例分析

公地点同时也用作合作社的办公场所，一套机构两块牌子，这在客观上增加了合作社的"合法性"与"权威性"。在这个基础上，泰华枣业种植合作社成立了。实际上，以郭西贵为首的村委会成了泰华枣业种植合作社的发起人与实际领导人。在中国，合法的政治身份与政治权威的适当运用一般总是经济组织创新的必要条件，如何利用所掌握的政治资源来整合土地、农户等生产要素而发展出新的产品、新的品牌、新的产业、新型的经济组织，不仅考验着权力拥有者的政治智慧，也是社会转型中地方政治领导人从政治挂帅到追求经济绩效必要与合理的选择。

合作社成立之后所做的第一件事是申请"徐堡牌"人参枣和灵芝枣的注册商标，当时北辰区政府提供了注册扶植基金1万元用于商标注册，2003年5月，"徐堡牌"灵芝枣注册成功，实际花费4000元，该合作社为天津市第一家拥有注册商标的合作社。此后的两年时间内，合作社的土地规模发展到800亩，2006年扩大到850亩。如今，泰华枣业合作社已经形成了以徐堡村为中心、带动周边地区共500多个农户加入的农业专业化示范区。合作社本着自愿的原则，保证社员进入、退出自由。名义上，合作社并不要求农户缴纳社费，其经营成本通过从枣商那里获得必要的提留进行补偿，按照与枣商的合约规定，合作社每为营销商提供一斤鲜枣，将得到销售价格10%的提留。剔除经营成本所余下的提留则形成合作社的共同基金，用于种子改良、病虫害防治与必要的活动开支，剩下的部分则作为二次分配利润返还给合作社成员。在土地的利用上，合作社进行人性化管理，不管各家各户有多少土地，在技术指导和枣品收购上，都一视同仁。合作社不干涉农户的具体种植决策，而是在枣种选择上，在栽种技术上，在农药、化肥的使用上，在枣品储存与保护上，按照国家所提供的无公害、绿色产品的质量标准，对农户进行严格指导和认真监督。此外，合作社为了提高农户的生产技术，进一步加强农户的品质意识,保护枣品商标的"内含价值",总是定期或不定期地邀请农业科研院校的专家学者,为农户举办形式不一、内容生动活泼的各类讲座。农户与合作社的关系可以用"不松不紧"来描述。一方面,合作社允许农户在具体的生产、经营上自主经营、自负盈亏;另一方面,合作社又负责全社的种子、农药、化肥的购买并低价出售给农户,通过这种形式返还从经营商那里获得的部分提留利润。事实证明,合作经济为徐堡村村民带来了实实在在的利益,这一点可以从表8.1、表8.2所提供的合作社成立前后农户的成本收益的基本情况中得到证实。

表 8.1 泰华枣业种植合作社成立前

作物	产量（斤/亩）	价格（元/斤）	成本（元/亩）	净收入（元/亩）	总收入（元/亩）
玉米	1000	0.5	400	100	200
黄豆	200	1.0	100	100	

表 8.2 泰华枣业合社成立后（大部分种植枣树）

年份	产量（万斤）	价格（元/斤）	成本（元/亩）	净收入（元/亩）	土地（面积亩）	净收入（万元）	登记户（数户）
2003	20	2.7	1000	1700	200	34	120
2004	40	4.0	1000	—	—	—	—
2005	80	4.5	1000	3500	800	280	—
2006	120	5.5	1000	6766	850	575	500

从表8.1、表8.2中可知,成立合作社之前,农户每亩地的净收入为200元,远远低于成立合作社之后的收入水平。随着枣品品质的提高和产量的扩大,近几年农户的收入呈递增的趋势。调查表明,合作经济的"统分结合"的经营方式产生了很可观的规模效应、技术效应和品牌效应,这三个效应的共同作用,使泰华枣业种植合作社具有广阔的市场前景与发展空间。一方面,根据人参枣供不应求的市场态势,泰华种植合作社尽其可能组织、动员农户大规模栽种幼苗,增加枣树的种植面积;

另一方面，使用嫁接技术提高产品的产量和质量，并组织科技培训班，为农户提供技术指导。合作社不仅关注农户的经济利益，还修建并改造徐堡村的社会公共设施、设立健身娱乐场所，并安装街灯，大大改善了村民的生活水平。

8.3.2 案例模式分析

在目前的集体产权格局的约束下，乡级政府、区级政府在土地流转过程中所起的作用非常大，相关的调研都充分地证明了这个看法。例如，天津市北辰区国宗梦得农副产品配送合作社、天津市西青区大成万达有限公司等农业产业化企业，在地方政府的扶持和帮助下，充分置换分散在各个地方的农户手中的土地，以形成土地的规模利用，甚至原来被认为极为贫瘠的土地现在也得到改良，土地的集约性与规模配置效率得到明显提高。只要充分尊重农户的利益，把他们纳入到农业产业化的链条之中，解决他们的切身问题，激发并保护他们的积极性与首创性，农民的增收与农业现代化就不再是一句空话。假如在农村土地流转过程中，政府官员与农业产业化企业或者合作经济组织只顾眼前的经济利益，不能真正按照土地产权的集体性质构建合作经济组织，那么今天天津市市郊的农业产业化进程就不会如此顺利。

1979年以来，农业生产的经营形式是小农式的联产承包责任制，这种制度设计的初衷是想保留集体经济"统一经营"的优势，但同时又以农户为生产经营的主体，在拥有土地用益权的基础上充分发挥农户的生产积极性，使集体经济的"统"与农户为主体的（家庭）生产经营的"分"能够有机地结合起来，依靠"统分结合"的经营模式实现传统农业向现代农业转型。但是，由于集体经济组织没有成为生产经营的利润中心或结算中心，因此集体产权在农业生产经营过程中被虚置起来了，农地的最终处置权（包括转让权）让渡于具有行政职能的村委会与乡政府，造成集体产权没有对应的集体经济组织。因而在土地转让的交易中，具有行政职能和政治、社会多元偏好或多元目标的基层政府就不可能按照土地的供求价格，以单纯的利润目标来与开发商谈判、交易，签订可以切实保护农户利益的土地转让合约。此外，由于行政权力僭越了土地的集体所有和农户作为整体实际上是土地产权的拥有者所体现出来的经济权力，因此农户反而成了土地交易中的弱势群体，其正当的补偿收益无法得到合理的满足。这种情况的出现，恰恰是因为在广大农村，农户作为整体所拥有的集体产权无法诉诸一种合适的组织结构或合约结构，而使集体经济组织作为利润中心与农户作为生产经营的结算中心不能实现"产权对接"，这在客观上造成了农户的产权被行政的或政治性的权力阉割了，从而使某些基层政府的官员成了寻租者。

泰华枣业种植合作社给我们的启示是，既然土地产权是集体的，那么，这种产权在经济利益上的"体现"或"实现"就必须要有一个具有利润目标的合作经济与之"对应"，借助于合作经济的组织形式，农户的生产经营过程尽管仍然具有极强的私人性，但他们在信息分享上，在技术的引进、消化与创新上，在土地资源的使用方向上，在农产品的技术检验上，在产品的销售上仍然可以"组织起来"，以一种公共行为作为一种彼此协作的整体性力量，来规模化或准规模化地进行一系列的生产经营活动，共同面对来自市场与来自行政权力方面的压力，采取集体行动来化解市场风险、自然风险甚至政治风险。

显然，单纯地（让农户）"组织起来"或"集体化"并非合作经济的实质性目的，合作经济之所以被选择，是因为这种组织形式能够满足产权的集体所有制在生产经营过程中所要求的"统一经营"的自然性质，否则，集体产权将被虚置而且会被社区政府的行政权力所阉割。所谓的产权残缺导致农户的利益不能得到保证,并诱发开发商与基层政府合谋,进行权力寻租,实际上是缺乏一种合适的组织形式或合约形式使农户组织起来以便与产权的集体所有性质相对应的"组织失缺"。村民自治机构与乡一级的社区政府只是政治与社会管理机构,由于自身目标与利润目标难于统一,他们难以履行集体产权所要求的经济权能。合作经济组织,如泰华枣业种植合作社之类的经济组织,由于集体产权与这种产权架构下家庭承包制所体现的产权的某种私属性质兼顾起来了,因此,在一定程度上解决了农户的小农式的分散经营、土地得不到集约利用所造成的现实困境。众所周知,以农户为单位的小农式的生产经营在市场与行政权力面前具有的天然脆弱性,想通过这种组织形式顺利地实现传统农业向现代农业转型是很困难的。

当然,合作经济组织从根本上说只是一种组织形式或合约形式,它的成功与否与一般性的企业能否在市场上赢得一席之地一样,必须满足一些基本的条件:

首先,它能否与集体产权的"统"与小农式的家庭生产的"分"统一起来;

其次,它能否通过信息、技术与知识共享以及共同构建一个良好的营销、物流体系而实现土地的规模利用;

再次,它能否成为一个利润中心或结算中心,以市场的独立自主的法人身份与其他市场主体,包括与农户签订具有法律效应的合约,而且这种合约在满足商法、民法与物权法的基本要求时不受来自行政权力的干预;

又次,这种合作经济能否具有市场品牌以及由这种品牌所决定的核心竞争力是否足够大;

最后,也是极为重要的一点,它要有一整套的制度架构,来解决社员或农户的进入退出机制,在确保合作社的公共利益或集体利益的同时,要切实确保社员或农户的切身利益。社员的进入、退出机制涉及产权分割与必要的经济补偿,但在本质上,这个问题与中国的农业产业化、社会转型以及工业化、城市化有关,是一个非常重要且值得注意的问题。

第9章 我国农村土地产权的性质和改革的思路

9.1 我国农村土地产权的矛盾和性质

本书的分析结果充分显示出,由法律制度规定之间的冲突及其引起的制度层面与实际经济层面权利实施的不一致和矛盾,是导致我国农地多元产权主体权利重叠和混乱的根本原因。这一矛盾具体表现为:

(1)国家土地用途管制与农户土地使用权选择之间的矛盾;

(2)国家征地制度与集体土地所有权产权之间的矛盾;

(3)集体土地行政性调整与个体农户土地承包使用权流转之间的矛盾;

(4)集体产权执行主体行为特征与集体土地产权弱化之间的矛盾;

(5)集体产权执行主体与农户个体产权之间的矛盾;

(6)集体所有权与个体农户份额所有权之间的矛盾。

产生产权主体间种种矛盾的原因是多方面的,各种法律规定等正式制度作为约束产权主体行为的准则,其制度冲突对经济行为的影响固然重要,但是,法律制度规定的不完善只是农地产权矛盾的表面原因,如果我们的分析目标和对象仅仅局限于对各种制度的简单罗列和对照,就很容易忽视其背后深层次的问题。试想一下,有关农村土地制度的《中华人民共和国农村土地承包法》、《中华人民共和国土地管理法》、《中华人民共和国村民委员会组织法》等一系列正式制度的法律规章为什么会出现碰撞和冲突?制定各项法规的初衷是什么?新时期推动制度变迁和政策变化的条件和诱因又是什么?为什么最初受到国家推广和提倡的集体产权如今却遭到弱化和虚化了呢?农民对土地的诉求发生了哪些变化?促使国家赋予农户个体"长期而有保障"的土地承包权利的条件是什么?剥开国家法律制度改变的面纱,看清制度变化的内外部条件,对于我们正确把握农地产权矛盾的症结和改革的趋势具有重要意义。

农村土地对于农民的生存和发展意义非凡,中国农村土地制度创新和土地利用政策演变的基本前提是:农村土地功能的转变与农民切身利益的实现。土地对于农民来讲具有生产经营和社会保障两种功能,在不同的生产力发展阶段和经济环境下,土地两种功能的大小及其地位次序也各不相同。在生产力水平落后、城市就业不足、从事农业劳动的机会成本较低的情况下,土地保证农民生存、就业和养老的社会价值大于其经济价值,土地具有较强的社会保障功能,此时的产权制度安排以全体农民的平均利益最大化为出发点,政策的制定也就偏向于将权利配置给农民集体,以达到农村资源均等化分配和社会稳定的目的。此时土地的经济价值较低,对土地权利的争夺并不十分激烈,农民对土地的使用权也受到一定程度的限制。改革开放以来,随着工业化、城市化和农村经济市场化进程的加快,农村剩余劳动力向城市二、三产业转移。一方面,农民进城务工机会的增加以及农民非农产业收入比重的提高降低了农村

第9章 我国农村土地产权的性质和改革的思路

土地对农民的就业和生存的价值，土地的社会保障功能减弱；另一方面，土地承包经营权流转的现实需要以及城市化用地的扩张和膨胀提高了土地的经济价值，土地的生产功能和经济价值得以提升。社会保障功能的相对下降和生产功能①的相对提高引发产权主体对土地经济收益的争夺，从而加剧了土地权利的冲突和矛盾。这一时期，国家政策的导向是进一步明晰土地权利的边界，充分尊重农户个体对土地使用权权能的实施和土地收益的实现，作为所有权主体的农民集体产权权能随之被削弱，国家正式制度安排对农村土地权利的配置充分体现了土地社会保障功能和生产功能大小的转变。在土地两种功能转变的过程中，农村土地产权在各主体间的权利配置结构充分反映了土地制度变迁内外部条件的变化。值得深入研究和思考的关键问题是，这种权利结构配置方式的转变是通过国家权力和国家意志强制实现的，而不是土地产权自由、自愿、公平流动的结果，这就使我国的农村土地产权制度失去了经济层面的含义，其更多反映的是政治层面的性质和意义。因此，我国农地产权的性质，是一种传统社会经济中的，即前现代的、非市场经济的产权制度。具体来说，它有两个基本的和突出的特征：

第一，它是一种权利和责任都还没有完全界定清楚的产权制度。现代的和市场经济意义上的产权制度，针对某一财产的主体和客体之间的关系是一一对应的，主体的权利和责任是统一和对应的，而不同主体之间的权利是彼此分离和独立的，也就是互相排斥的。即排他性是产权制度的核心。所谓界定产权，就是在不同的行为主体之间划分财产权利的界限，界线越清晰、越严格，产权界定也就越明确、越有效。而我国农地产权制度，虽然在法律上规定为农民集体所有制，但在事实上，国家、

---

① 这里所指的土地的生产功能包含了进行农业生产和商业开发用地两种用途和价值。

农民集体、集体产权的执行主体村委会和集体经济组织、农户个体都在同一块土地上拥有权利，彼此的权利存在着重叠，而各个行为主体在土地上的权利和义务却是不对称的。各个行为主体之间存在着行政上的统辖甚至直接的隶属关系，这不仅是指从中央到各级地方政府，一直到基层政府都是直接的行政隶属关系，而且乡镇政府在法律上也有权对集体产权的执行主体——村委会进行"指导"，在实践中则是通过中共基层党组织对其进行直接的"领导"。即我国农村土地集体所有制，一方面在经济交往的横向关系中边界是清晰的，具有完全的排他性，也就是具有现代产权制度的特征；但是另一方面在行政管辖的纵向关系中，行为主体之间的权利存在着一种层层衔套的关系，即行政上的上级的权利大于下级，下级的权利被包含在上级的权利之中，法定的产权对上级的权利和权力都没有排他性，并不是完全意义上的产权。而产权责任则是逐级向下推移的，上级有权追究下级的责任，因此，处于这一农地产权之上的行政管辖链条最底端的集体农民，几乎承担了农地作为财产的全部责任，即保护耕地和国家粮食安全，但是其拥有的权利却是最小的。这种行政管辖权对经济权利的侵入，是农民集体产权残缺、弱化和虚化的根本原因。

第二，这是一种财产和人身彼此还没有独立、还存在着人身依附关系的财产制度。现代产权制度的一个突出特征是它的可交易性。产权的价值不仅在于通过直接使用和最终处置获益，而且可以通过转让或部分转让（例如租赁）实现其经济价值。可交易性使得财产的经济价值可以计量和比较，产权的价值是通过交易最终确定的。产权的可交易性和价值化使财产获得了一种独立的社会存在形式，从而和人身彼此分离独立。而我国农村土地集体所有制的集体农民是以其身份权而成为产权主体的成员的，一旦失去其作为村集体成员的身份也就失去了个人对于土地的一切权利。而集体农民的身份来源或变更，完全取决于出生或死亡、婚

第9章 我国农村土地产权的性质和改革的思路

姻嫁娶、上学或参军等社会身份的建立和变更，而不是经济关系。因此，这里存在着双重的人身依附关系：一重是农民个体对村集体的依附关系，另一重是农民集体和土地的依附关系。这种人身依附关系，反映了我国农地产权制度基本上还是一种自然经济和传统社会中的财产关系，这也正是农地产权难以交易和流转的根本原因。

以上两个基本特征说明我国农村土地产权制度（集体所有制）还不是一种现代意义上的产权制度，它具有矛盾和复杂的性质：一方面它在很大程度上还反映着传统社会和自然经济的人身依附条件下的财产关系；另一方面它又带有强烈的行政命令经济的属性，排斥和压抑产权主体对财产的经济权利。与此同时，它也已经具有了现代市场经济产权制度的基本形式，可以以法律形式伸张自己的财产权利，并正试图通过获得可交易性来实现自己的经济价值。这种矛盾和多重复杂的性质决定了它对现代市场经济的不适应，也决定了必须继续调整和改革。

9.2 改革的原则思路和政策建议

9.2.1 改革的原则思路

国家、集体、集体代理人、个体农户是我国农村土地制度中四个最主要的产权主体。从产权经济学的理论角度来看，农村土地权利的界定是否清晰直接影响到农地产权主体的行为选择集合，行为集合出现交叉重叠就代表着权利的冲突和碰撞，产权的寻租行为也就不可避免，其结

中国农村土地的制度性质

果必然导致对收益的不合理分配,产权制度也就变得不可持续。因此,多元产权主体利益关系的稳定性有助于产权制度的稳定性和可持续性。只有借助农村土地产权在多元主体间的重新组合和调整,将国家、集体、集体代理人和农户之间的利益关系合理化,才能有效防范农村土地产权制度运行过程中的权利冲突和矛盾,形成和谐稳定的主体利益关系。针对我国农地产权中的权利重叠现象,需要理顺以下三个层面的关系:

第一,正确处理国家与农民集体、农户个体之间的关系。国家与集体、农户之间的矛盾关系主要表现在土地的最终归属和处置方面的争议。集体作为小范围的局部的群体利益,与社会整体利益之间肯定存在着矛盾,因此在社会整体利益一致性基础上对集体权利加以适当的限制是完全有必要的。但是当国家对集体利益进行干预时,也必须是严格基于社会公共利益的需要,不能肆意损害集体和农户的利益,否则就会造成集体产权的残缺。在实际的改革细则中,国家管理权的实施方式和农地转非农用地的国家征地制度是改革的突破口,在理顺国家利益与集体利益的基础上逐步建立并完善土地交易市场则是改革的基本途径之一。

第二,正确界定农民集体与集体代理人之间的关系。农民集体是土地所有权主体,它是依据地缘关系为基础、由集体内所有成员组成的集合。集体是个体组成的集体,集体财产权利也就是所有个体财产权利的总和,它不是个体合作的产物。然而集体只是一个形式上的虚拟的主体,因此在对集体财产的管理中,必须依靠具体的自然人来执行。我国法律规定集体经济组织或村民委员会是集体财产的代理人和管理者,但是实践中大部分地区集体经济组织已经破产,并由村民委员会代表行使管理集体资产的职能。这种现象的出现本身是符合我国《中华人民共和国农业法》、《中华人民共和国土地管理法》和《中华人民共和国村民委员会组织法》的,但是这一制度所导致的结果却是村民委员会职能的混乱以及行政职权的滥用。这是因为村民委员会地位特殊、身兼数职，如果不能及时将村委会各种职能进行有效分离，就无法摆脱代理人多重代理关系的处境，也就难免存在农民集体产权惨遭弱化和虚化的结果。解决的办法和途径是：按照农业产业化发展的要求，重新成立集体经济组织实体，确定组织的范围，并赋予其独立经营、管理集体财产，独立核算、自负盈亏的法人主体地位，以分离村委会的经济管理职能和行政职能。

第三，正确处理个体农户二重规定性问题。集体是由个体组成的，个体是集体的成员之一。作为土地产权主体的个体农户并不具备行使所有权的行为资格，他们是以集体的形式拥有土地的所有权，同时又以个体的形式享有土地的承包经营使用权，农民的这种既是共同所有者又不享有排他性所有权的现象就导致了集体土地所有制关系中的二重规定性问题。正是个体农户二重规定性问题的存在，导致我国农村土地关系中农民的权利非常脆弱，集体的合法利益得不到应有的保护和实施，这反过来又造成农户和集体产权中的缺位现象，进一步恶化了农民作为集体所有者一员的处境。解决个体农户二重规定性问题的方法应是积极寻求集体产权的有效实现形式，赋予农民切实、有保障、可资本化的土地产权权益。

此外，农地产权制度改革还要坚持四个基本原则：①改革要有利于促进农业生产的发展和保证国家粮食生产的安全；②要保障农民土地家庭承包制下农民的既得利益不受侵犯；③要改变农村土地分散零碎的经营格局，实行农业规模经营；④要确保避免两极分化，铲除农村两极分化的制度根源，使农民继续走共同富裕的社会主义道路。只有确保了以上四个基本原则，才能在维护农村社会稳定的基础上实现改革的目的。

9.2.2 改革的政策建议

改革开放以来，我国处于一个从传统计划经济向现代市场经济过渡，从落后农业经济向现代的非农业经济转变的双重过渡之中。对于农业而言，这同时也是一个由传统落后农业向现代农业、市场农业转变的过程，这个过程通常被称为农业的现代化。随着经济市场化程度的不断加深，市场机制在农村资源配置方面逐渐起基础性作用，我国农业的商品率也呈大幅度上升的态势，商品经济的快速发展培育了农产品市场和生产要素市场，为农村注入了新的生机和活力，也对农村产权改革提出了新的要求。市场经济的运行就是市场主体进行交易的过程，它表现为不同资产主体之间交换产权的权利和利益关系，正是市场经济进程对产权交易性的要求，使得产权主体间权利和义务的界限显得尤为重要，因此市场经济水平的提高就构成了现代产权制度存在和发展的前提。

针对我国农村土地多元化产权主体的权利冲突和矛盾，相应的产权制度改革也主要围绕理顺多元主体之间的利益关系进行，使国家、集体、集体代理人、个体农户之间逐渐形成持续稳定的经济利益关系，各方主体各司其职，并通过市场机制和法律规范等形式加以体现，在比较稳定的制度体系中形成和谐的产权关系。

9.2.2.1 明确界定国家的权力范围，用经济手段调整微观主体利益关系

所有权是一种法律归属的权利，这是国家正式制度和正式法规制定的。产权是一种经济上的权利，产权制度改革的要求是明晰的权利界定和权利的排他性。在农业市场化进程中应当把国家的职能定位在界定产权、保护产权、维护市场秩序、发布市场信息、推动农业科学技术进步和社会服务上。国家利益的实现也应当尊重市场经济的原则，通过税收和行政管理的方式来实现。

第9章 我国农村土地产权的性质和改革的思路

反映在国家土地用途管制和土地征收征用制度上：一方面将国家管理权严格"管理化、服务化"，而不是"产权化"；另一方面政府应以立法的方式进一步明确"公共利益"的范畴和概念，确保土地征收只为公共利益目的而行使，修改征地补偿标准，取消按照"原用途"给予征地补偿的规定，增加和完善土地征用程序的法律规定，避免行政主体滥用征地权，从而实现集体所有权和国家所有权在入市地位上的平等，打破国家所有权在土地市场上的垄断权力。

9.2.2.2 探索集体产权新的实现形式，赋予农村集体经济组织法人地位

农村土地归集体所有，而集体并不是抽象的，也并不是虚拟的，这个集体是由实实在在的全体农户构成的，然而集体拥有土地所有权并不意味着集体是一级生产经营单位。集体虽然拥有法律意义上的土地所有权，但是集体却不能作为一个企业或一个生产组织来规模化地利用土地进行相应的生产与经营活动，甚至作为土地所有者，它也并不能构成一个经济上的利润中心或财务中心，它的经济职能是由具有一定组织形态和结构的集体经济组织具体承担和决策实施的。这就需要重新审视集体经济组织的组织地位和实现形式，讨论如何发挥集体经济组织的功能等问题。但是，重新建立农村集体经济组织，并不意味着对承包责任制改革之前集体经济组织的简单"回归"，而是在新的市场环境和条件下，依据地区发展特色和模式，积极探索农村集体经济新的实现形式和组织形式，完善双层经营体制中集体"统"的职能。新的集体经济组织的功能是向农户提供与农业生产和农产品经营和销售有关的专业化服务，包括向农户提供价格合理的生产资料、种植、加工等技术培训、劳务管理、生产指导、信息信用服务等。它主要有利于解决农户小生产与大市场之间的矛盾，代表个体农户参与市场决策，它真正应该执行的是家庭承包责任制的"统"的功能。目前的集体组织更多地履行的是行政职能，把

集体产权定位在行政村的范围实际上是政经不分家的表现,而真正的集体组织应该是立足于集体资产纯粹执行经济功能,它不受行政地区区划的限制,是一个产业组织性质的概念。因此该组织的大小也应该跟农业产业的性质相关,同时按照产业组织规模的要求进行组织结构调整和管理。

9.2.2.3 规范村委会的职能范围,剥离村委会对集体土地的经济职能

鉴于法律条文对村民委员会职能界定的矛盾和冲突以及村委会及其成员的行为特征,笔者认为,有必要重新修订《中华人民共和国土地管理法》、《中华人民共和国农村土地承包法》、《中华人民共和国村民委员会组织法》等有关法律对村民委员会身份和职能的规定,分清村民委员会与集体经济组织的职能,规范村民委员会的行为,剥离其对农村集体财产的经济干预。具体来说,就是取消村民委员会对农村集体土地所有者的代理人身份,将村委会的职能严格限定在农村社会事务的管理范围内;进一步明确村委会的职责范围和义务,缩小村委会成员机会主义和寻租行为的空间;承认和尊重集体经济组织对农村集体土地等财产的管理和经营决策职能,真正实现政企分开,消除行政力量对农村土地经营和农民土地产权的干预和侵害。

9.2.2.4 继续推进农村土地使用权流转市场的有序进行

农地使用权的市场流转必须以土地承包经营权的稳定和流转后的净收益为前提,然而,我国农地行政性调整、国家征地制度以及土地流转中的地方政府控制增加了土地使用权流转的交易成本,使土地流转市场陷入困境。要加速农地市场化进程,提高土地利用效率,就必须规范相关主体的行为,避免相关主体对土地使用权稳定性的干扰,建立起顺畅有效的土地使用权流转市场机制。此外,农村土地使用权在多大程度上能够进入市场流转,从根本上讲要取决于我国的市场经济发育水平,如

第9章 我国农村土地产权的性质和改革的思路

果农产品价格持续低迷,农业平均利润较低,城市非农就业机会不多,则相关流转主体就缺乏承包农地的利益驱动力。从我国的基本情况来看,大部分的土地流转都出现在经济比较发达的地区,这是因为农民的非农就业机会及非农收入较高,土地的社会保障功能较弱,劳动力转移的可能性较大。

总而言之,农村土地多元产权主体矛盾的根源在于经济迅速发展条件下土地功能的转变以及制度安排中权利与权力关系的倒置,解决多元产权主体矛盾的根本方法和途径是不断发展生产力,并运用市场机制进一步优化生产要素的资源配置效率,实现多元主体的土地权益。最后,在进行农地产权制度改革的过程中,必须要立足于各地区的基本市场环境和制度环境,防止盲目复制、照搬照抄,以免对农户的经济利益造成损害。

参考文献

一、中文文献

［1］［比］热若尔·罗兰.转型与经济学［M］.北京：北京大学出版社，2002.

［2］［冰］思拉恩·埃格特森.经济行为与制度［M］.吴经邦译.北京：商务印书馆，2004.

［3］［波］科勒德克.从休克到治疗：后社会主义转轨的政治经济［M］.上海：远东出版社，2000.

［4］［德］卡尔·马克思.资本论（第三卷）［M］.北京：人民出版社，1975.

［5］［德］卡尔·马克思.马克思恩格斯选集（第二、四卷）［M］.北京：人民出版社，1972.

［6］［德］卡尔·马克思.马克思恩格斯全集（第四十二卷）［M］.北京：人民出版社，1979.

［7］［俄］A.恰亚诺夫.农民经济组织［M］.北京：中央编译出版社，1996.

［8］［美］阿克洛夫.斯彭斯和斯蒂格利茨论文精选［M］.谢康，乌

家培译.北京:商务印书馆,2002.

[9] [美] 埃里克·弗鲁博顿,鲁道夫·芮切特.新制度经济学——一个交易费用分析范式 [M].姜建强,罗长远译.上海:上海三联书店,上海人民出版社,2006.

[10] [美] W.布罗姆利.经济利益与经济制度 [M].上海:上海三联书店,上海人民出版社,1996.

[11] [美] 道格拉斯·诺斯,罗伯特·保尔·托马斯.西方世界的兴起 [M].张炳九译.北京:学苑出版社,1988.

[12] [美] 道格拉斯·C.诺斯.制度、制度变迁与经济绩效 [M].上海:上海三联书店,上海人民出版社,1994.

[13] [美] 道格拉斯·C.诺斯.经济史上的结构与变迁 [M].厉以平译.北京:商务印书馆,1992.

[14] [美] 道格拉斯·C.诺思.理解经济变迁过程 [M].北京:中国人民大学出版社,2008.

[15] [美] D.盖尔·约翰逊.经济发展中的农业、农村、农民问题 [M].北京:商务印书馆,2004.

[16] [美] 哈罗德·德姆塞茨.竞争的经济、法律和政治维度 [M].上海:上海三联书店,上海人民出版社,1992.

[17] [美] 哈罗德·德姆塞茨.所有权、控制与企业 [M].北京:经济科学出版社,2000.

[18] [美] O.哈特.企业、合同与财务结构 [M].上海:上海三联书店,上海人民出版社,1998.

[19] [美] 罗纳德·H.科斯,哈特,斯蒂格利茨等.契约经济学 [M].李风圣译.北京:经济科学出版社,1999.

[20] [美] 罗纳德·H.科斯.论生产的制度结构 [M].上海:上海三

联书店，上海人民出版社，1994.

[21] [美] 罗纳德·H. 科斯，A. 阿尔奇安，D. 诺斯等. 财产权利与制度变迁——产权学派与新制度学派译文集 [M]. 上海：上海三联书店，上海人民出版社，1991.

[22] [美] 康芒斯. 制度经济学 [M]. 于树生译. 商务印书馆，1983.

[23] [美] 麦克尼尔. 新社会契约论 [M]. 北京：中国政法大学出版社，1994.

[24] [美] 曼瑟·奥尔森. 权力与繁荣 [M]. 苏长和，嵇飞译. 上海：上海世纪出版集团，2005.

[25] [美] 西奥多·W. 舒尔茨. 改造传统农业 [M]. 梁小民译. 北京：商务印书馆，1987.

[26] [美] 约翰·N. 德勒巴克，约翰·V. C. 奈. 新制度经济学前沿 [M]. 张宇燕译. 北京：经济科学出版社，2003.

[27] [美] 约拉姆·巴泽尔. 产权的经济分析 [M]. 费方域，段毅才译. 上海：上海三联书店，上海人民出版社，1999.

[28] [美] 约拉姆·巴泽尔. 国家理论——经济权利、法律权利与国家范围 [M]. 钱勇，曾咏梅译. 上海：上海财经大学出版社，2006.

[29] [美] 詹姆斯·M. 布坎南，戈登·塔洛克. 同意的计算——立宪民主的逻辑基础 [M]. 陈光金译. 北京：中国社会科学出版社，2000.

[30] [南] 斯韦托扎尔·平乔维奇. 产权经济学——一种关于比较体制的理论 [M]. 北京：经济科学出版社，2000.

[31] [日] 速水佑茨郎，神门善久等. 新版农业经济论 [M]. 北京：中国农业出版社，2003.

[32] [英] 马尔科斯·卢瑟福. 经济学中的制度——老制度主义和新制度主义 [M]. 陈建波，郁仲莉译. 北京：中国社会科学出版社，1999.

[33] [英]约翰·希克斯.经济史理论 [M].厉以平译.北京:商务印书馆,1987.

[34] [英]约翰·伊持韦尔,默里·米尔盖特,彼得·纽曼编.新帕尔格雷夫经济学大辞典 [M].北京:经济科学出版社,1996.

[35] 蔡继明.中国的现代化、城市化与农地制度改革探析 [J].经济前沿,2005(1):7-10.

[36] 曹振良.改革和完善中国土地制度论纲 [J].南开经济研究,1994(1).

[37] 陈国富.制度分割、产权残缺与农民利益 [R].第五届中国法经济学论坛,2007.

[38] 陈国富,卿志琼.城乡分割、程序失范与农民利益——城市化进程中失地农民利益的经济学分析 [J].开放时代,2007(5).

[39] 陈慧荣.发展型地方政府、村干部企业家与土地流转 [J].中国农村观察,2014(1).

[40] 陈剑波.农地制度:所有权问题还是委托—代理问题? [J].经济研究,2006(7).

[41] 陈钊.信息与激励经济学 [M].上海:上海三联书店,上海人民出版社,2005.

[42] 程久苗.农村集体建设用地流转制度的创建及相关问题的思考 [J].南京农业大学学报,2002(3).

[43] 迟福林.中国农民的期盼——长期而有保障的土地使用权 [M].北京:外文出版社,1999.

[44] 迟福林.赋予农民长期而有保障的土地使用权 [J].中国农村经济,1999(3).

[45] 迟福林.家庭经营也能实现农业现代化 [J].经济参考报,2001-

9-24.

［46］党国英．论农村集体产权［J］．中国农村观察，1998（4）：1-9．

［47］党国英．农村改革攻坚［M］．北京：中国水利水电出版社，2005．

［48］邓大才．试论土地使用权买断经营——农村土地制度改革的一条思路［J］．湖北社会科学，1997（6）．

［49］邓大才．家庭承包土地的社会功能分析［J］．重庆社会科学，2001（1）．

［50］邓大才．论农村土地所有权的归属［J］．财经问题研究，2002（2）．

［51］邓宏图，崔宝敏．制度变迁中的中国农地产权的性质：一个历史分析视角［J］．南开经济研究，2007（7）．

［52］邓宏图．理性、偏好、意识形态与社会演化：转型期中国制度变迁的经济史解释［M］．北京：经济科学出版社，2008．

［53］丁关良．农村土地承包经营权流转的法律思考［J］．中国农村经济，2003（1）．

［54］窦开龙．我国农地产权制度问题研究回顾与综述［J］．湖州师范学院学报，2003（1）．

［55］杜润生．中国农村制度变迁［M］．成都：四川人民出版社，2003．

［56］丰雷，蒋妍，叶剑平．诱致性制度变迁还是强制性制度变迁？——中国农村土地调整的制度演进及地区差异研究［J］．经济研究，2013（6）．

［57］丰雷，蒋妍，叶剑平，朱可亮．中国农村土地调整制度变迁中的农户态度［J］．管理世界，2013（7）．

［58］龚启圣，刘守英．农民对土地产权的意愿及其对新政策的反应［J］．中国农村观察，1998（2）：18-25．

[59] 国务院发展研究中心土地课题组.农地规模与农业发展 [R].海口：南海出版公司，1992.

[60] 国务院发展研究中心中国农村土地制度课题组.中国农村土地制度的变革 [R].北京：北京大学出版社，1993.

[61] 国务院研究室课题组.沿海地区农业规模经营问题 [J].北京：人民出版社，1996.

[62] 胡茂.我国现行土地征用制度安排下的政府行为分析 [J].农村经济，2006（10）.

[63] 胡家勇.对政府支配资源量的实证分析 [J].改革，1999（3）.

[64] 黄少安.产权经济学导论 [M].北京：经济科学出版社，2004.

[65] 黄小虎.征地制度改革的经济学思考 [J].中国土地，2002（8）.

[66] 黄宗智.华北的小农经济与社会变迁 [M].北京：中华书局，1986.

[67] 韩俊.中国农村土地制度建设三题 [J].管理世界，1999（3）.

[68] 韩俊.尊重农民的土地财产权利 [J].理论视野，2004（3）：9-10.

[69] 郝爱民.制度变迁对中国农户经营行为影响研究 [J].知识产权出版社，2009.

[70] 何静.农地使用权流转与相关的法律问题探讨 [J].经济问题，2001（7）.

[71] 何自荣.法律中的国家权力和个人权利 [J].甘肃联合大学学报（社会科学版），2008（1）.

[72] 贾生华.农村土地制度创新：股份所有、租赁经营 [J].经济问题探索，15-18.

[73] 蒋省三，刘守英.土地资本化与农村工业化——广东省佛山市南海经济发展调查 [J].管理世界，2003（11）.

[74] 靳相木. 地根经济：一个研究范式及其对土地宏观调控的初步应用 [M]. 杭州：浙江大学出版社，2007.

[75] 靳相木，聂好东. "四荒"产权制度创新：内涵、原因与扩散 [J]. 生态经济，2001（5）.

[76] 雷玉德. 浅析我国农村土地的所有权主体 [J]. 无锡轻工大学学报（社会科学版），2001（2）.

[77] 李春洪. 关于产权主体和产权客体的认识 [J]. 南方经济，1995（11）.

[78] 李大胜，牛宝俊. 技术、投资与现代农业发展 [M]. 北京：中国经济出版社，2005.

[79] 李明义，段胜辉. 现代产权经济学 [M]. 北京：知识产权出版社，2008.

[80] 李自成. 解决"三农"问题关键在深化农村土地产权制度改革 [J]. 湖湘论坛，2004（5）.

[81] 林光彬. 私有化理论的局限 [M]. 北京：经济科学出版社，2008.

[82] 刘凤芹. 农村土地产权的归属、保护与政策建议 [J]. 江苏社会科学，2004（4）.

[83] 刘金海. 产权与政治：国家、集体与农民关系视角下的村庄经验 [M]. 北京：中国社会科学出版社，2006.

[84] 刘守英. 土地制度与农民权利 [J]. 中国土地科学，2000（3）.

[85] 刘守英. 中国农地制度的合约结构与产权残缺 [J]. 中国农村经济，1993（2）：31-36.

[86] 刘永佶. 中国经济矛盾论——中国政治经济学大纲 [M]. 北京：中国经济出版社，2004.

[87] 刘永湘.中国农村土地产权制度创新论 [D].四川大学博士学位论文,2003.

[88] 刘玉铭.农业规模经营与农业产业化研究 [M].北京:经济科学出版社,2008.

[89] 陆娱.农村土地产权制度浅探 [J].福建财会管理干部学院,2001(3).

[90] 罗必良,王玉蓉.农村土地制度改革的思考与选择 [J].农业现代化研究,1993(2).

[91] 毛科军.中国农村产权制度研究 [M].太原:山西经济出版社,1993.

[92] 梅建明.工业化进程中的农户建业经营问题研究 [M].北京:中国财政经济出版社,2005.

[93] 牛若峰.中国农业的变革与发展 [M].北京:中国统计出版社,1997.

[94] 钱忠好.农村土地承包经营权产权残缺与市场流转困境:理论与政策分析 [J].管理世界,2002(6):35-45.

[95] 钱忠好.三论农村土地的复合所有制 [J].扬州大学学报(人文社科版),1999(2):55-58.

[96] 钱忠好.土地所有制功能与农村土地所有制创新——再论农村土地的复合所有制 [J].扬州大学学报(人文社科版),1998(3):11-13.

[97] 钱忠好.中国农村土地制度变迁和创新研究 [M].杭州:浙江大学出版社,2005.

[98] 钱忠好.中国农村土地制度变迁和创新研究(续)[M].北京:社会科学文献出版社,2005.

[99] 钱忠好,曲福田.规范政府土地征用行为切实保障农民土地权

益［J］.中国农村经济,2004（12）.

［100］曲福田.中国农村土地制度的理论探索［M］.南京：江苏人民出版社,1991.

［101］阮文彪.中国农业家庭经营制度［M］.北京：中国经济出版社,2005.

［102］石莹,赵昊鲁.马克思主义土地理论与中国农村土地制度变迁［M］.北京：经济科学出版社,2007.

［103］唐欣瑜.我国农村集体土地收益权主体制度研究［J］.西北大学学报（哲学社会科学版）,2014（2）.

［104］唐宗焜.合作社功能和社会主义市场经济［J］.经济研究,2007（12）.

［105］田传浩,贾生华.农地市场对土地使用权配置影响的实证研究——基于苏、浙、鲁1083个农户的调查［J］.中国农村经济,2003（10）:24-30.

［106］万广华,程恩江.规模经济、土地细碎化与我国粮食生产［J］.中国农村观察,1996（3）.

［107］万举.转型经济城市化中的二元土地产权［D］.南开大学博士学位论文,2008.

［108］王崇敏,熊勇先.论农地征收补偿费的分配［J］.山东社会科学,2014（3）.

［109］王磊荣.财产权主体虚置的探讨——兼论中国、俄罗斯经济改革［J］.理论界,2008（1）.

［110］王萌.国有企业改革必须从根本上解决产权虚置问题［J］.当代财经,1989（8）.

［111］王南俊.论农业家庭经营［M］.香港：天马图书有限公司,

2003.

[112] 王培先.适度规模经营:我国农业现代化的微观基础 [D].复旦大学博士学位论文,2003.

[113] 王小映.土地制度变迁与土地承包权物权化 [J].中国农村经济,2000(1):43-49.

[114] 王小映.我国城镇土地收购储备的动因、问题与对策 [J].管理世界,2003(10):50-59.

[115] 王振中.产权理论与经济发展 [M].北京:社会科学文献出版社,2005.

[116] 王振中.转型经济理论研究 [M].北京:中国市场出版社,2006.

[117] 王涿,许浜.中国农村土地产权制度论 [M].北京:经济管理出版社,1996.

[118] 汪先平.当代中国农村土地制度研究 [D].南京师范大学博士学位论文,2007.

[119] 魏正果.我国农业土地国管私用论 [J].中国农村经济,1989(5):15-22.

[120] 温铁军.第二步农村改革面临的两个基本矛盾 [J].战略与管理,1996(3):111-114.

[121] 温铁军.形成稳固的受惠群体—关于农地制度创新的思考 [J].中国土地,2001(7):12-14.

[122] 温铁军.中国农村基本经济制度研究——"三农"问题的世纪反思 [M].北京:中国经济出版社,2000.

[123] 温铁军.农民社会保障与土地制度改革 [J].学习月刊,2006(10).

［124］文贯中.中国当代土地制度论文集［C］.长沙：湖南科学技术出版社，1994.

［125］文贯中.土地制度中的公平和效益［N］.经济观察报，2002-9-30.

［126］文贯中.中国农地的社区所有：纯农户的收入困境和农村的逆向淘汰趋势［N］.21世纪经济报道，2004-8-17.

［127］文贯中.土地制度必须允许农民有退出自由［J］.社会观察，2008（11）.

［128］伍山林.中国农作制变迁的政治经济学分析——从农户行为与政府偏好角度进行分析［J］.经济研究，1998（8）：67-76.

［129］肖耿.产权与中国的经济改革［M］.北京：中国社会科学出版社，1997.

［130］谢琳，罗必良.土地所有权认知与流转纠纷［J］.中国农村观察，2013（1）.

［131］徐汉明.中国农民土地持有产权制度研究［M］.北京：社会科学文献出版社，2004.

［132］许恒周.城市化进程中土地征用改革与集体土地产权制度变迁［J］.广东土地科学，2005（1）.

［133］姚洋.中国农村土地制度：一个分析框架［J］.中国社会科学，2000（2）.

［134］姚洋.自由、公正和制度变迁［M］.郑州：河南人民出版社，2002.

［135］姚洋.土地、制度和农业发展［M］.北京：北京大学出版社，2004.

［136］姚洋.中国农村土地制度安排与农业绩效［J］.中国农村观察，

1998（6）：1-10.

[137] 杨继瑞.我国农村土地资源配置市场化的理论思考［J］.国土经济，1995（3）：22~28.

[138] 杨进，张迎春.关于改革农村土地征用制度的思考［J］.经济体制改革，2005（1）.

[139] 杨小凯.中国改革面临的深层问题［J］.战略与管理，2002（5）.

[140] 杨勋.国有私营：中国农村土地制度改革的现实选择［J］.中国农村经济，1989（5）：23~26.

[141] 杨一介.中国农地权基本问题［M］.北京：中国海关出版社，2003.

[142] 杨一介.农村地权制度中的农民集体成员权［J］.云南大学学报（法学版），2008（5）.

[143] 叶剑平等.中国农村土地产权制度研究［M］.北京：中国农业出版社，2000.

[144] 伊利.土地经济学原理［M］.北京：商务印书馆，1982.

[145] 于建嵘.土地问题已成为农民维权抗争的焦点［J］.调研世界，2005（3）：22-23.

[146] 余艳琴，查俊华.产权残缺与委托代理失效——联产承包责任制下农地制度困境的分析［J］.求索，2004（1）.

[147] 于宗先，毛育刚，林卿.两岸农地利用比较［M］.北京：社会科学文献出版，2004.

[148] 张德霖.关于我国经济体制改革与经济发展若干问题的理论思考［J］.经济研究，1991（11）.

[149] 张德元.赋予农民土地持有权 培育农村土地流转市场［J］.财

政研究，2002（5）.

[150] 张红宇.中国农村土地产权政策：持续创新［J］.管理世界，1998（6）.

[151] 张红宇.中国农地调整与使用权流转：几点评论［J］.管理世界，2002（5）：76-87.

[152] 张红宇.中国农村土地制度变迁的政治经济学分析［D］.西南农业大学博士学位论文，2001.

[153] 张林江.围绕农村土地的权力博弈——不确定产权的一种经验分析［M］.北京：社会科学文献出版社，2012.

[154] 张鸣明，朱道林.我国土地出让收益分配的代际关系分析［J］.农村经济，2005（4）.

[155] 张巧当.农村土地承包"大稳定、小调整"原则及其运用［J］.前进，2000（5）.

[156] 张曙光.中国制度变迁的案例研究［M］.北京：中国财政经济出版社，2005.

[157] 张五常.经济解释［M］.易宪容，张卫东译.北京：商务印书馆，2000.

[158] 张五常.佃农理论——应用于亚洲的农业和台湾的土地改革［M］.北京：商务印书馆，2000.

[159] 张维迎.公有经济中的委托—代理关系：理论分析和政策含义［J］.经济研究，1995（4）.

[160] 张晓山.联结农户与市场［M］.北京：中国社会科学出版社，1992.

[161] 张永丽.合作与不合作的政治经济学分析［M］.北京：中国社会科学出版社，2005.

[162] 张跃进. 现代化最后的情节 [M]. 合肥：安徽大学出版社，2004.

[163] 赵阳. 共有与私用——中国农地产权制度的经济学分析 [M]. 上海：生活·读书·新知三联书店，2007.

[164] 郑风田. 制度变迁与中国农民经济行为 [M]. 北京：中国农业科技出版社，1999.

[165] 郑风田. 我国现行土地制度的产权残缺与新型农地制度构想 [J]. 管理世界，1995（4）：138-146.

[166] 周斌. 农村集体经济组织创新发展中村委会的角色定位分析 [J]. 天府新论，2008（2）.

[167] 周冰. 过渡性制度安排与平滑转型 [M]. 北京：社会科学文献出版社，2007.

[168] 周冰，付达院. 产权虚化和村委会的行为特征 [J]. 中国社会科学（内部文稿），2009（6）.

[169] 周冰，靳涛. 经济体制转型方式及其决定 [J]. 中国社会科学，2005（1）：71-82.

[170] 周诚. 土地经济学 [M]. 北京：农业出版社，1989.

[171] 周诚. 集体土地使用权进入非农市场之我见 [J]. 中国农村经济，1994（3）：50-52.

[172] 周诚. 论我国土地产权构成 [J]. 中国土地科学，1997（3）.

[173] 周诚. 应当重视农村社区集体经济中的土地承包权股份制 [J]. 中国农村经济，2000（12）：4-6.

[174] 周诚. 土地经济学原理 [M]. 北京：商务印书馆，2003.

[175] 周其仁. 产权与制度变迁：中国改革的经验研究 [M]. 北京：社会科学文献出版社，2002.

[176] 周其仁. 中国农村改革：国家和所有权关系的变化（上、下）[J]. 管理世界，1995（3）：178-189，1995（4）：147-155.

[177] 周其仁，刘守英. 湄潭：一个传统农区的土地制度变迁，转自文贯中. 中国当代土地制度论文集 [D]. 长沙：湖南科学技术出版社，1994.

[178] 周天勇. 对农地国有的一种设想 [J]. 农村工作通讯，2004（4）.

[179] 周先智. 影响我国农村土地流转的成因 [J]. 理论月刊，2000（8）.

[180] 朱冬亮. 社会变迁中的村级土地制度 [M]. 厦门：厦门大学出版社，2003.

[181] 朱巧玲. 产权制度变迁的多层次分析 [M]. 北京：人民出版社，2007.

二、英文文献

[1] Coase. The Nature of firm. Economic [J]. 1937, 4（3）：386-405.

[2] Coase. The Problem of Social Cost [J]. Journal of Law and Economics, 1960, 3（1）：1-44.

[3] D. North. Structure and Change in Economic History [J]. A Neo-classical Theory of the State, 1981（3）.

[4] Demsetz H. The Exchange of Property Right [J]. Journal of Law and Economics, 1964, 3（1）：11-26.

[5] Demsetz H. Toward a Theory of Property Rights. American Economics Review, 1967, 5（2）：347-359.

[6] Gene Hsin Chang, Jocef C. Brada. The paradox of China's growing under-urbanization [J]. Economic Systems, 2006, 30（1）：24-40.

[7] Grossman, Sanford J, Hart, Oliver D. The Costs and the Benefits

of Ownership: A Theory of Vertical and Lateral Integration [J]. The Journal of Political Economicy, 1986, 94 (4): 691–719.

[8] Hambermas, Jurgen, The Structural Transformation of the Public Sphere [J]. MIT Press, 1989: 14–26.

[9] Holmstrom, Bengt, Milgrom, Paul. Multitask Principal–Agent Analyses: Incentive Contracts, Asset Ownership and Job Design [J]. Journal of Law, Economics and Organization, Special issue, 1991 (7): 24–52.

[10] J. David Brown, John S. Earle, Almos Telegdy. The productivity Effects of Privatization [J]. Longitudinal Estimates from Hungary, Romania, Russia, and Ukraine. Journal of Political Economy, 2006, 114 (1): 61–99.

[11] Kenneth Koford, Jeffrey B. Miller. Contract Enfoecement in the Early Transition of an Unstable Economy [J]. Economic Systems, 2006, 30 (1): 1–23.

[12] Mann, Michael. The Tonomous Power of the State [J]. Its Origins, Mechanism, and Results, Archiv Europeennes de Sociologie, 1984 (25): 185–213.

[13] Rajeev K. Goel, Jelena Budak. Privatization in Transition Economies: Privatization Scale and Country Size [J]. Economic Systems, 2006, 30 (1): 98–110.

[14] Netting Robert, Smallholders. Householders: Farm Families and the Ecology of Intensive, Sustainable Agriculture [M]. Stanford, Calif.: Stanford University Press, 1993.

后 记

　　产权是一国经济体系内财产所有制关系的表现形式,是巩固财产关系、约束经济主体行为的一系列制度安排。产权主体、产权客体和主体对客体拥有的各项权利束构成产权的三个基本要素。在有关我国农村土地产权制度的理论研究中,对土地本身作为静态的、被动的产权客体的研究都是附着在产权各项权能结构中,较多的文献都是从土地产权结构及其权利的配置方面研究我国土地产权制度,而对产权主体这一最具能动性的产权要素的研究大部分都是割裂的、分散的,单独研究某一个或两个土地产权主体都会影响分析结论的全面性和准确性。由此,本书构建了一个多元农地产权主体的分析框架,以多元产权主体实际拥有的土地权利以及各主体间权利的重叠和冲突为分析的主要内容,用实证的方法来揭示我国农村土地集体所有制的性质。

　　产权制度的核心是排他性,也就是行为主体的权、责、利的独立。而我国农地产权的特点是多元的行为主体都对农地拥有一定的权利,多元主体在农地上的权利彼此重叠和相互冲突。具体地说,有四个不同的产权主体:国家、农民集体、集体代理人和个体农户。国家在农地上的利益,一是保证获得一定量的农产品,特别是保证国家粮食供给安全;二是从农户手里低价获得国家经济发展、工业化和城市化所需的土地资源。国家的权利是通过土地管理法和土地利用总体规划等法律和行政条例的规定、直接的行政强制等方式实现的。在国家利益的实现过程中，农民没有抵制和讨价还价的权利和能力。农民集体是由法律规定的我国农村土地所有权的主体，它是在历史上的血缘、宗族和自然村社的传统基础上，经过新中国成立以来历次土地制度改革而形成的农村社会经济政治生活的基层单位，但是其法律地位既不明确，也不统一，特别是由于缺乏实际的执行能力并且土地承包权和使用权在农户手里，集体产权是弱化和虚化的。村委会或集体经济组织虽然在法律上并不是集体所有权的主体，但是却作为集体产权的执行主体事实上掌握了集体所有权。一方面，农户作为集体成员是集体土地的所有者，但是作为个体又不能单独行使集体的所有权；另一方面，农民又以集体成员的资格拥有土地承包权和使用权。多元产权主体规定之间的权利重叠和冲突构成了我国农村土地产权制度中的主要矛盾。因此，我国农村土地产权制度是一种与市场经济完全不同的前现代的产权制度，这也是它不可能长期稳定地持续下去，而需要改革和调整的原因。由于研究者普遍从"集体所有制"这一法律规定出发，没有认识到我国农地产权实际上具有多元主体，因而也就不能理解农村土地集体所有制的真实性质，农地产权制度研究中的混乱的原因也在于此。本书主要揭示了这一问题。

本书的研究结论显示，我国农地多元产权主体矛盾的根源在于，市场经济快速发展所引起的土地社会保障功能与生产功能转换过程中，通过国家权力强制性地改变土地产权结构配置，而不是土地产权自由、自愿、公平流动的结果。因此，我国农地产权的性质是一种传统社会经济中的，即前现代的、非市场经济的产权制度。它一方面在很大程度上反映着传统社会和自然经济的人身依附条件下的财产关系，另一方面又带有强烈的行政命令属性。这种前现代的土地产权制度性质与现代的市场

后 记

经济要求之间的不适应,决定了必须继续调整和改革。

  本书在写作过程中得到了周冰老师和邓宏图老师的特别指导。感谢恩师多年来的悉心教诲,本书凝结了周老师的大量心血,每一稿的修改环节周老师都耐心指导,提出具体意见。周老师知识广博,观点犀利,以自身稳健质朴的学风和求真务实的治学风范教导我们,令我受益匪浅。还要感谢我的启蒙导师邓宏图教授。邓老师不仅经常关注我书稿的进展,还给予我很多有益的建议,从南开园毕业多年后依然能够聆听邓老师的远见卓识,他一直鞭策我努力同前。邓老师对学术的热情和严谨的学术作风一直感染并激励着我。书稿得以顺利完成,还有赖于与我相守十五载的先生岳智喜,万般情愫凝结在字里行间都无以表达,此书同时也献给他,感谢他的默默付出。书中不妥之处,敬请读者批评指正!

崔宝敏

2015 年 12 月